"十三五"国家重点图书出版规划项目

# 中国汉画大图典

## 第四卷 仙人神祇

主 编 顾 森
副主编 胡新立

西北大学出版社
·西安·

## 图书在版编目（CIP）数据

仙人神祇 / 顾森主编. —西安：西北大学出版社，2022.2

（中国汉画大图典）

ISBN 978-7-5604-4858-9

Ⅰ. ①仙… Ⅱ. ①顾… Ⅲ. ①画像石—中国—汉代—图集 ②画像砖—中国—汉代—图集 Ⅳ. ①K879.422 ②K879.422

中国版本图书馆CIP数据核字（2021）第221032号

责任编辑　琚　婕　袁秀明
装帧设计　泽　海

## 中国汉画大图典
ZHONGGUO HANHUA DA TUDIAN

主　编　顾　森

### 仙人神祇
XIANREN SHENQI

| | |
|---|---|
| 主　编 | 顾　森 |
| 副主编 | 胡新立 |
| 出版发行 | 西北大学出版社 |

（西北大学校内　邮编：710069　电话：029-88302621　88303593）

http://nwupress.nwu.edu.cn　　E-mail: xdpress@nwu.edu.cn

| | | |
|---|---|---|
| 经　销 | 全国新华书店 | |
| 印　装 | 北京雅昌艺术印刷有限公司 | |
| 开　本 | 787毫米×1092毫米　1/16 | |
| 印　张 | 27 | |
| 版　次 | 2022年2月第1版 | |
| 印　次 | 2022年2月第1次印刷 | |
| 字　数 | 217千字 | |
| 书　号 | ISBN 978-7-5604-4858-9 | |
| 定　价 | 370.00元 | |

本版图书如有印装质量问题，请拨打电话029-88302966予以调换。

# 编者的话

## 一、图典的结构

《中国汉画大图典》本质上是一套字典，不过是以图为字，用图像来解读先秦及汉代的社会和文化。本图典共七卷，一至六卷是黑白的，第七卷（上下册）是彩色的，共收有约 13000 个图像单元。根据现有图像的实际情况，以"人物故事""舞乐百业""车马乘骑""仙人神祇""动物灵异""建筑藻饰"几大门类来梳理和归纳，以期体现本图典这种形象的百科全书的特性。图像之外，文字部分主要有总序、各册目录、门类述要、专题文章、参考文献、后记等。

## 二、读者对象

本图典具有雅俗共赏的特色。其图像形象，能够为幼儿及以上者所识读；其文化内涵，能够为中学文化程度及以上者所理解；其图像、内容及其延展，则于文化学者、学术研究者和艺术创作者均大有裨益。

## 三、图像的来源和质量

本图典的黑白图像主要来源于画像石、画像砖、铜镜、瓦当、肖形印等五类器物的拓片。这些图像主要来自原拓，也有相当数量的图像来自出版物，极少量的图像来自处理过的实物摄影。

画像石是直接镌刻于石面上的，由于种种原因，如石质、镌刻工具、镌刻技艺等的不同，即使来自同一粉本，也不会出现完全雷同的图像，所以不同石面的拓片都具有"唯一"的特色，区别仅在于传拓水平高低带来的拓片精粗之分。画像砖、铜镜、瓦当、肖形印这几类，均是翻模、压模后埏烧或浇铸而成，雷同之物甚多。故在画像砖、铜镜、瓦当、肖形印中，出土地不同或时间早晚不同而拓片图像雷同之现象颇为常见，区别也仅在于传拓水平的高低带来的拓片精粗之分。画像石、画像砖、铜镜、瓦当、肖形印的拓片图像质量除了上述区别外，其共同之处就是，经过岁月的淘洗，一来画面的完整与残缺不尽相同，二来留存的图像本身的信息多寡不尽相同。

本图典的彩绘图像指壁绘、帛绘、漆绘、器绘（石、陶、铜、木）等，主要来自实物拍摄和出版物。今天所见的这些彩绘图像均来自地下墓葬，是汉代人留下的画绘实物，也是我们今天能看到的汉代人的画绘原作。因是附着于各类物体的表面，在地下环境中经历了几千年，仅有极少量（如少量漆绘作品）还能保留原初形象，其余大量只能用"残留"二字来形容。其质量的评定与画像石相似。但色彩保存的程度和绘制技法的特色，是彩绘图像特别重要的质量标准。

## 四、图像的选用

赏心悦目的画面，总是为受众所喜爱。本图典选用图像的标准，毫无疑问是质量好、保存原有信息量多。在这一总的原则下，对以下几类图像做灵活处理。

1. 有学术价值者。即能说明某一社会内容或某一文化现象的稀有图像，因其稀缺，故质量不好也选用。

2. 有研究价值者。即保留了不同时期信息或不同内容信息的图像，即使重复，只要多一点信息也选用。

3. 有应用价值者。即于研究、创作有参考或启发作用的图像，即使有残缺或漫漶也选用。

4. 有重要说明作用者。例如同一图像出现在不同时期或不同地区，很好地印证了某一图像的分布时段或地域，这种图像无论好坏多寡均选用。

## 五、图像的识别原则

图像的识别主要有以下两个原则。

1. 择善从之。经中外历代学者的努力，汉画图像的识别已有相当的学术积淀。择善从之主要表现在两个方面：一是选择有依据者，即有汉代文字题记或三国以前的文献记载者；二是"从众"，即接受学术界认同的或业界共同认知的。

2. 抛砖引玉。即对某些尚有争议或尚需进一步证明的认知，编者依据自己的学术判断来选用。这主要集中在本图典一些图像的内容、名称的判断上和一些门类的设立上。抛砖引玉就是不藏拙、不避短，将自己不成熟、不完善的认知作为学术靶子让同仁批评，最后求得学术和事业的发展。这样做于己于众均是好事。中国汉画中有太多至今让人不得其义的图像，只有经过学术的有的放矢的争辩，才能使真理越辩越明，最后达到精准识别之目的。

## 六、关于《丹青笔墨》卷

《丹青笔墨》卷为本图典的特辑，即其编写体例独特，与前几卷不完全相同。其原因一是时间紧迫，来不及收集更多资料，只就手中现有资料进行编写，以应目前此类出版物稀缺之急。二是仅仅一卷两册的篇幅，远远不能反映出汉代画绘应有的面貌（至少要编成六卷，才基本可以达到一定的量，才能较好地分类）。三是该卷中许多图像来自出版物，质量差强人意，只能勉强用之。即使如此，该卷也是目前将汉代画绘材料解析得最清楚、最详尽者。当然，其中也有不少地方分类不清晰，定位不精准。这些不足体现了编者目前的认知水平，也多少反映了今天学术界、考古界认知的基本情况。更深的认识，有待于今后的学习，以及考古发掘和研究成果的出现。

毕善其事是我们的初衷，但鉴于时间、条件、能力等方面的限制，不能尽善，材料的遗漏不可避免，甚至"网漏吞舟之鱼"也并非不可能。这些遗憾，我们会在今后的修订版中弥补。即使如此，我们还是深信这套大图典的出版会给读者或使用者带来一些惊喜和满足。首部《英语大词典》的编撰者，18世纪英国诗人、作家塞缪尔·约翰逊有一句妙语："词典就像手表，最差的也比没有好，而最好的又不见得就解释对了。"对一个词典的编者来说，这句话不能再好地表达他的全部感触了。

# 序　言

## 一

　　汉画是中国两汉时期的艺术，其所涵盖的内容主要是两部分：画绘（壁绘、帛绘、漆绘、色油画、各种器绘等），画像砖、画像石、铜镜、瓦当等雕塑作品及其拓片。

　　汉画反映的是中国前期的历史，时间跨度从远古直至两汉，地域覆盖从华夏故土辐射到周边四夷、域外各国。两汉文化是佛教刚传入中国但还未全面影响中国以前的文化，即两汉文化是集中华固有文化之大成者。汉画内容庞杂，记录丰富，特别是其中那些描绘神话传说、历史故事、生产活动、仕宦家居、社风民俗等内容的画面，所涉形象繁多而生动，被今天许多学者视为一部形象的记录先秦文化和秦汉社会的百科全书。作为对中华固有文化的寻根，汉画研究是一种直捷的方式和可靠的形式。正因为如此，汉画不仅吸引了文物考古界、艺术界，也吸引了历史、哲学、宗教、民俗、民族、天文、冶金、建筑、酿造、纺织等学科和专业的注意。

　　汉画的艺术表现，是汉代社会的开拓性、进取心在艺术上的一种反映，是强盛的汉帝国丰富的文化财产的一部分。汉画艺术不是纤弱的艺术，正如鲁迅所说，是"深沉雄大"的；汉画的画面充满了力量感，充满了运动感。汉画艺术并非形式单一，而是手法多样，形态各异。汉画中的画像砖、画像石、铜镜、瓦当等，不仅有线雕、浮雕、透雕和圆雕作品，还有许多绘塑结合、绘刻结合的作品；汉画中的画绘如壁绘、帛绘、漆绘、陶绘等，不仅包含各种线的使用方法，还有以色为主、以墨为主，甚至用植物油调制颜料直接图绘的方法和例子。汉画不是拘泥于某一种表现样式的艺术，在汉画里，既有许多写实性强的作品，更有许多夸张变形、生动洗练的作品。汉画继承了前代艺术的传统，并使之发扬光大，以其成熟、丰富的形式影响后代。看汉画，可以从中看到中国艺术传统的来龙去脉。如画像砖、画像石、铜镜、瓦当等雕塑作品，从中既能看到原始人在石、骨、玉、陶、泥上雕镌塑作的影子，也能看到商周青铜器上那些纹饰块面的制作手段。汉以后一些盛极一时的雕塑形式中，许多地方就直接沿用了汉代画像砖、画像石、铜镜、瓦当中的技法。看汉画，也能使人精神振奋，让人产生一种对博大精深的中华文化的自豪感。若论什么是具有中国风貌和泱泱大国气派的美术作品，汉画可以给出确切的答复。事实上，在今天的美术创作和美术设计中，汉画中的形象、汉画的表现手法随处可见。

## 二

关于汉代美术的独特地位，唐代张彦远《历代名画记》明确说及："图画之妙，爰自秦汉，可得而记。降于魏晋，代不乏贤。"郑午昌《中国画学全史》对此做了进一步的说明："中国明确之画史，实始于汉。盖汉以前之历史，尚不免有一部分之传疑；入汉而关于图画之记录，翔实可征者较多云。"这些议论都是关于绘画的，特别是指画家而言。但仅这一点，即汉代有了以明确的画家身份出现在社会中的人，就喻示了汉代绘画已摆脱了绘器、绘物这种附属或工匠状态。当然，汉代美术的独特地位不仅仅是指绘画的"可得而记"，而应包括美术各个门类的"可得而记"。汉代以前，美术处于艺术特性与实用特性混交的状态，汉代结束了自原始社会以来的这种美术附属于工艺的混交状态，包括工艺美术自身在内的许多独立的艺术门类，如绘画、雕塑、书法、建筑以及书论等等，都以一种不同于别的美术品类的形式出现。而一种独立的美术品类的出现，必然内含了其特殊的创作规律和表现形式，以及相当数量的作品等。正因为如此，我们便可以在这个基础上对汉代美术进行逐门逐科的研究。汉代美术的独特性，也就被这些越来越深入的研究所证明。

汉代美术并不是一道闪电，仅在一瞬间照亮天地，光明就随之消失。刚好相反，汉代美术一直光被后世，影响深远。汉代是中国美术发展史上的一个重要环节，它不仅对原始社会以来的美术从观念到技法进行了一次清理和总结，而且在继承的基础上给予了发展。正如汉代在中国社会的发展史上是一个重要的转折时期，汉代在中国美术的发展史上也是一个重要的转折时期。就画绘而言，且不论已有的各种笔法，只就汉武帝创"秘阁"，开皇家收藏先例，汉明帝置尚方画工、立"鸿都学"为画院之滥觞，蔡邕"三美"（赞文、书法、画技）已具中国画"诗、书、画"三元素而论，就能使人强烈地感受到汉代美术开了一代新风。

## 三

汉代曾有一大批专业画家和仕人画家，绘制了大量作品，或藏于内宫，或显扬于世间。可惜的是，两汉四百余年皇家的收藏和专业画家的作品均毁于兵燹，至唐时，已如吉光片羽，极为罕见。今天我们看到的汉代画绘实物基本上出自墓葬，因此我们今天所说的汉画，不是一般意义上的艺术，而是陵墓艺术。由此可得出汉画有别于其他艺术的两大特点：一是反映丧葬观念，二是反映流行于世的思想。

汉代人的丧葬观念，简而言之就是建立在极乐升仙和魂归黄泉思想基础上的"鬼犹求食""事死如事生"的信念，即是说对待死人如对待活人一般，让死人在神仙世界或黄泉世界得到在人世间已得到或未得到的一切。汉代流行于世的思想主要有祖先崇拜、天人之际、阴阳五行、今文经学、谶纬之学、建功立业、忠义孝行等等。除了衣食住行之需外，流行思想也普遍地出现在汉代墓葬中。汉墓中能体现丧葬观念和流行思想的，即我们通常所说的祭祀和血食两大内容。祭祀和血食在帝王陵中体现为在陵上修建陵庙（放置有祭祀用品，壁间满绘祭祀内容的图画）和陵寝（备有一切生活用品和奴仆的楼阁），在有地位的贵族的墓冢中则以修造墓祠来体现。汉代的陵庙、陵寝和绝大多数墓祠为木构建筑，早已荡然无存，至今只有极少的石质墓祠保留下来。祭祀和血食这两大内容便可从这些实物中得到证明。如现存较完整的山东长清孝堂山郭巨石祠，祠中满布石刻浮雕，画像内容主要为神话传说、历史故事和生活场景，即祭祀和血食两大部分。从目前发现的画像石墓来看，墓主人的官秩没有超过二千石的，都是中等财力或中等财力以下者，估计是因社会地位不高或财力不足而不能立墓祠。但墓主人又深受当时社会墓葬习俗的影响，出于对祭祀内容与生活内容的迫切需要，只好在墓内有限的地方用简略而明确的方式来表达这一愿望，即将祠庙的图绘部分直接搬来，又将陵寝的实物部分搬来，并表现为图绘形式。从现在的汉画出土情况来看，这些东西不能看成汉代艺术的上乘之作，只能看作民间艺术，或者是来源于专业画家粉本的非专业画家的作品。因此，汉画中反映的内容和题材，有很大一部分是流行于民间的思想，不能尽用史书典籍去套。如青龙、白虎、朱雀、玄武本是守东、西、南、北四方的天神，它们的图像多被视为代表某一方位。但在汉画中，它们不一定表示方位。汉代吉语中所谓的"左龙右虎辟不羊（祥）""朱雀玄武顺阴阳"，可能才是图绘它们的真正含义。许多墓葬中青龙、白虎、朱雀、玄武的位置也说明了这一点。

## 四

从保存现状来看，汉画里雕刻类作品总体上比画绘类作品保留得完整，在数量上也大大超过了它们。因此在汉画的研究或使用中，总是以画像砖、画像石等为主。今天所说的汉画，在相当大的范围内指的是画像砖、画像石。

画像砖几乎遍及全国各地，其主要分布在陕西、河南、川渝地区（四川、重庆）。画像砖艺术是许多图样的源头，体现在陕西画像砖里；其发展中的重要转折，体现在河南画像砖中；而其集大成者，则体现在川渝画像砖上。中国古代的许多图样往往起于宫中，再流入民间，继而风行天下。陕西秦汉宫室和帝王陵墓中画像砖上的许多图样，也是两汉画像砖上许多图样的最早模式。河南画像砖中，以洛阳画像砖为代表的粗犷、豪爽风格和以新野画像砖为代表的精美、劲健风格，给人的艺术感受最为强烈。川渝画像砖以分布地域广、制作时间成系列、反映社会内容丰富、艺术手法生动多样为特色。

画像砖不因材质的不同而形成各地区的不同风格和特征，而是出现了由尺寸及形状不同而产生的不同的画面处理。这些画面处理为后代积累了许多艺术创作原理方面的经验和相应的技法。如秦、西汉大空心砖，一砖一图或一砖多图，或以多块印模反复印制同类图形后再组合成一个大的画面。河南南阳和川渝地区的方砖、条砖则因尺寸小而主要是一砖只表现一个主题或情节。在这些画像砖上，尤其是川渝地区的画像砖上，线雕与浮雕更精细，构思更巧妙，阴线、阳线、浅浮雕、中浮雕的运用和配合更熟练，更有变化。正如汉瓦当圆形内是成功的、饱满的构图一样，川渝地区在不同尺寸的方砖、条砖乃至砖棱上，都能巧妙地创作出主题明确而又生动的画面。在画面的多种构思上，川渝画像砖成就尤为突出。

画像石分布在山东、河南、四川、重庆、江苏、陕西、山西、安徽、湖北、浙江、云南、北京、天津、青海等十余个省市。其中以山东、河南南阳、川渝地区、陕西榆林（陕北）、江苏徐州五个区域密度最大，数量最多。

山东是升仙思想的发端地之一，多方士神仙家。山东又是儒家的大本营，先后出了孔子、孟子、伏生、郑玄等在儒学发展史上开宗立派、承上启下、集时代之大成者，还有以明经位至丞相的邹人韦贤、韦玄成父子。山东画像石多经史故事和习经内容，也多西王母等神仙灵异内容，正是汉时山东崇儒求仙之风的生动写照。山东画像石多使用质坚而细的青石，雕镌时以凝练而精细的手法进行多层镌刻，雕刻技法多样，高浮雕、中浮雕、浅浮雕、透雕都能应用得恰到好处。山东画像石以数量多、内容丰富、可信年代者延续有序、画面精美复杂、构图绵密细微为世所重。

《后汉书·刘隆传》曰："河南（洛阳）帝城多近臣，南阳帝乡多近亲。"说明河南南阳在东汉时期是皇亲国戚勋臣的会集之地，也是皇家势力所控制的地区，崇奢者竞富，势在必然。光武帝刘秀起兵南阳得天下后，颁纬书于天下，《白虎通德论》又将谶纬思想融入钦定的儒家信条中。这种以天象、征兆来了解天意神谕，以荒诞的传说来引出结论的思想，弥漫天下。我们今天看到的南阳画像石，多天象、神异和男女侍者等内容，对东汉时帝王、权贵的生活和思想，尽管不是直接反映，但起码也是当时南阳世风的反映。南阳画像石多使用质坚而脆的石灰石，雕镌时使用了洗练、粗犷的手法，主题突出，形象鲜明。画像造型上，南阳画像石上的人物除武士外，一般都较典雅、沉稳、恭谨；动物和灵异因使用了夸张变形的表现手法而显得生动活泼、多姿多态，颇有呼之欲出之势。

川渝地区，从战国到秦汉，一直被当时的政权作为经济基地来开发。秦时都江堰水利工程的建成，更使蜀地经济实力得到增强。正因为有了这个殷实的经济后方，不仅"汉之兴自蜀汉"（《史记·六国年表》），秦得天下也是"由得蜀故也"（《蜀鉴》）。

画像砖、画像石的生产、交换题材，集中出现在川渝地区，如"市井""东门市""采盐""酿酒""采桑""借贷""交租""收获""采莲""捕鱼""放筏""播种""贩酒"等，既反映了汉时川渝地区蓬勃发展的经济，也反映了川渝地区在秦汉两代是经济后方的事实。川渝画像石对汉代俗文化的反映是很典型的，举凡长歌舞乐、宴饮家居、夫妻亲昵等多有所表现。川渝画像石多使用质软而粗的砂石，雕镌时注重体量，浮雕往往很高，风格粗放生动，尤其以彭山江口崖墓富于雕塑语言表达的高浮雕、乐山麻浩崖墓画面宏大的中浮雕等崖墓石雕，以及一些石阙、石棺浮雕最有代表性。

陕北画像石的内容，较少出现别的地区常有的历史故事，也未见捕鱼、纺织等题材，而是较多反映了边地生活中的军事、牧耕、商业等内容，以及流行于汉代社会的神仙祥瑞思想。这正反映了陕北在出现画像石的东汉初中期，商人、地主、军吏成为此地主要的富有者和有权势者。陕北画像石生动地反映了这些文化素养不高又满脑子流行思想（升仙、祥瑞）的人的追求。陕北画像石使用硬而分层的页岩（沉积岩），不宜做多层镌刻，图像呈剪影式，再辅以色彩来丰富细节。在形象的处理上，不追求琐碎的细节；在处理各种曲线、细线和一些小的形象时，多采用类似今天剪纸中"连"的手法，一个形象与一个形象相互连接，既保证了石面构架的完整，又使画面显得生动丰富。平面浅浮雕基本上是陕北画像石采用的唯一一种表现手法，因此陕北画像石是将一种艺术形式发挥得淋漓尽致的典型例子。华美与简朴、纤丽与苍劲、流畅与涩拙，都由这一手法所出，表现得非常成功。一般来说，反映农耕牧业等生产内容的画面，往往都刻得粗犷、简练；反映狩猎、出行等官宦内容的画面，往往都刻得生动、活泼；反映西王母、东王公、羽人、神人、神兽等神仙祥瑞的画面，往往都刻得细腻繁复，尤其是穿插其间的云气纹、卷草纹等装饰纹样，委婉回转，飞动流畅，极富曲线之美。在辅之以阴线刻、线绘（墨线与色彩线）、彩绘（青、白、绿、黑等）这些艺术手段后，完整的汉代画像石墓往往表现出富丽华贵之气。从总体上看，极重装饰美这一点，在陕北画像石中表现得最为突出。

徐州在汉代是楚王封地，经济发达，实力雄厚。20世纪50年代以来，先后发掘的几座楚王墓，都是凿山为陵、规模宏大的工程，真可雄视其他王侯墓。这种气度和风范在画像石中，主要体现为对建筑物的表现和巨大画面的制作。这些建筑多是场面大、组合复杂、人物众多的亭台楼阁、连屋广厦，均被表现得参差错落、气势非凡。加上坐谈、行走、宴饮于其中的人物，穿插、活动于其中的动物和神异之物，既使画面生动有致、热闹非凡，也真实地反映了汉代徐州地区的富庶和权贵们生活的奢侈。徐州画像石与南阳画像石一样，多用质坚而脆的石灰石；不同的是，徐州画像石中有一些面积较大的石面，雕镌出丰富庞杂的画面。这种画面中，既有建筑，也有宴饮，还有车马出行、舞乐百戏等宏大场面。在这些大画面的平面构成上，人物、动物、灵异、建筑、藻饰等的安排密而不塞，疏而不空，繁杂而有秩序层次，宏大而有主从揖让。

　　无论是画像砖还是画像石，最后一道工序都应是上色和彩绘。细节和局部，正依赖于这一工序。一些砖、石上残留的色彩说明了这个事实。如陕北榆林画像石上有红、绿、白诸色残留，四川成都羊子山画像石上有红、黄、白诸色残留，河南南阳赵寨画像石上有多种色彩残留，等等。精美而富于感情的"文"，是今天借以判断这些砖、石审美情趣的依据，可惜已失去了。今天能看到的画像砖、石，大都是无色的，仅仅是原物的"素胎"和"质"，即砖、石的本色。岁月的销蚀，使这些砖、石从成品又回到半成品的状态。用半成品来断定当时的艺术水准并不可靠，仅从"质"出发对汉代艺术下判断也往往失之偏颇。半成品用来欣赏，给观众留下了足够的余地，给观念的艺术思维腾出了广为驰骋的天地。观众可用今天的审美观、今天对艺术的理解和鉴赏习惯，运用自己丰富的想象力，去参与这种极为自由的艺术创作，去完成那些空余的、剩下的部分。引而不发的艺术品，更能使人神思飞扬。这也是今天对画像砖、画像石的艺术性评价甚高的原因。汉画像的魅力就在于此。

　　画像砖、画像石作为一种特殊的艺术品，所依托的是秦汉的丧葬观念。秦汉王朝的兴衰史，也是画像砖、画像石艺术从发达到式微的过程。从这个意义上讲，画像砖、画像石艺术是属于特定时代的艺术。但是，画像砖、画像石所积累下的对砖、石这两种材料的各种应用经验，积累下来的在砖、石上进行创造的法则和原理，则通过制作画像砖、画像石的工匠们口手相传，流入后代历史的江河中。且不论汉以后的墓葬艺术中还随时可看到汉画像的影子，就是在佛教艺术开龛造窟的巨大营造工程中，在具体处理各种艺术形象时，也处处可见汉画像的创作原理和技法的运用。画像砖、画像石艺术是汉代人用以追求永恒的一种形式，但真正得以永恒的并不是人，而是画像砖、画像石艺术自身。

## 五

所谓画像，就其本义来说是指拓片上的图像，即平面上的画，而不是指原砖、原石。中国对汉代这些原砖、原石的研究，几百年来基本上是根据拓片来开展的。而且，用拓片做图像学式的研究还主要是近一百年的事。

画像砖、画像石多为浮雕，本属三维空间艺术。拓片则是二维空间艺术。以二维空间艺术（拓片的画面）对三维空间艺术进行研究，即对画像砖和画像石的布局、结构、气韵、情趣等方面进行研究，是中国特有的一种研究方法。从今天的角度或今天所具有的条件来看，应赋予古人的这种方法以新的含义，即拓片的研究应是综合性的。这种综合性是随画像砖、画像石本身的特点而来的。例如画像石的制作，起码有起稿上石、镌刻、彩绘、拓印这四个环节。每一个环节都是一次创作或再创作，如起稿上石所体现的线的运动和笔意，镌刻所体现的刀法和肌理，彩绘所体现的随类赋彩和气韵，拓印所体现的金石味、墨透纸背的力量感和石头的拙重感，等等。这四个环节是从平面到立体，又从立体回到平面，这种交替创作发人深省。拓片的出现最初肯定是以方便为动机，后来拓片就成了艺术的一种形式而被接受，这正体现了中国传统美学对艺术朦胧、得神、重情的一种要求。

拓片是我国特有的艺术工艺传拓的作品。汉画拓片，主要指汉代画像砖、画像石的拓片。这些拓片不是原砖塑、原石刻的机械、刻板的复制品，而是一种艺术的再创作。好的拓片不仅能将雕镌塑作的三维作品忠实地转换成二维图形，而且能通过传拓中所采用的特殊方法，在纸面上形成某些特殊的肌理或凹凸，使转换成的二维图形具有浓浓的金石韵味。拓片实质上是一种特殊的艺术品。正如所有的艺术品都有高低优劣之分，拓片也有工拙精粗之分。拓印粗拙的所谓拓片，既没有忠实记录下原砖、石上的图像信息，也没有很好地传达出原砖、石上特有的艺术韵味。这种所谓的拓片，就像聚焦模糊的照片，看似有物，实则空无一物，是废纸一张。而好的拓片历来被学者和艺术家所看重，而且往往成为他们做出一些重要学术判断的依据或提高艺术表现的借鉴。许多艺术家就是根据好的拓片创作出一些精彩作品的。

今天，汉代墓室画绘，汉画像砖、画像石的原砖、原石及其拓片，铜镜、瓦当及其拓片等汉代图像资料，被广泛地应用于多学科的研究和各类艺术创作实践中。古老的汉画，因其新的作用和特有的魅力，实现了自身的蜕变和升华，成为我们新时代文化构成的重要部分。

顾　森

2021 年 12 月 15 日

# 目　录

仙人神祇述要 ································· / 1

仙人神祇 ····································· / 7

仙人 ········································· / 15

 西王母与东王公 ··························· / 17

 西王母 ··································· / 20

  繁式 ································· / 20

  简式 ································· / 43

  象征式 ······························· / 55

 东王公 ··································· / 56

 西王母境 ································· / 62

  羽人仙人 ····························· / 62

   行走飞行 ························· / 62

   戏兽驭兽 ························· / 76

持物持芝草·················· / 112

　　仙人······················ / 124

　　博戏······················ / 138

玉女························ / 147

九尾狐······················ / 148

三足乌······················ / 153

蟾蜍玉兔···················· / 157

方士························ / 166

仙界与仙界神异················ / 169

　　仙界迎接···················· / 169

　　仙界························ / 173

　　人身兽首仙人················ / 178

# 神祇 ···················· / 189

# 太一神 ·················· / 193

# 伏羲女娲 ················ / 196

　　成对像······················ / 196

| 捧日月像 | / 205 |
| 左向持物像 | / 211 |
| 右向持物像 | / 217 |
| 单身像 | / 224 |

## 风雷雨电神 / 232

## 神祇出行 / 239

## 日月星象 / 247

| 日月 | / 247 |
| 　　日月神 | / 247 |
| 　　日月同辉 | / 250 |
| 日象 | / 253 |
| 月象 | / 260 |
| 星象 | / 264 |

## 神人 / 268

## 神异 / 281

| 非人面神异 | / 281 |

  人首神异兽 …………………………………… / 295

  异身神人神异 …………………………………… / 305

**铺首** ……………………………………………… / 313

**汉画中的仙人与神祇** ……………………………… / 396

# 仙人神祇述要

汉代流行祖先崇拜和泛神崇拜，崇信的神灵和祭祀的对象，林林总总，无所不在。据《后汉书·祭祀上》所记，帝王一次祭祀，其数量就有五帝（青、赤、黄、白、黑）及其从属的1514神，这里还不包括二十八宿、雷公、先农、风伯、雨师及四海、四渎、名山、大川之神祇，可见汉代祭祀神明之繁多。民间祭祀，从应劭《风俗通义·祀典第八》中所记，就简略很多，也更接近今天汉画中所见神祇，大致有：太一神、五方天帝、先农、社神（土地神）、稷神（五谷神）、灵星（天田星）、灶神、雷公、风伯、雨师、祖神（行旅之神）、司命、日神（羲和）、月神（常羲）、河伯、各种预示灾异或吉瑞的天文星象等；也有地上与天上五方天帝对应的神祇及山林、川泽、河海各种神祇等。这些祭祀对象，大量出现在河南、山东、四川、徐州、陕北等地的画像砖、画像石中。这众多的神灵图像，揭示了汉代浓烈的泛神崇拜状况。

由于年代久远，汉代具体用什么艺术形象来记录各种神祇，今天多无法判断。识别的工作，主要是通过散落在一些汉代文献中的材料来进行。以汉代王充所著的《论衡》一书为例，其中就有多处提到汉代如何表现神祇的情形。如《雷虚篇》中提到画雷公："图画之工，图雷之状，累累如连鼓之形；又图一人，若力士之容，谓之雷公，使之左手引连鼓，右手推椎，若击之状。其意以为雷声隆隆者，连鼓相扣击之意也；其魄然若敝裂者，椎所击之声也；其杀人也，引连鼓相椎，并击之矣。"今天见到的山东嘉祥武氏祠中的画像石以及江苏徐州、山东滕州等地的画像石中，那些在天空中拉着连鼓或坐于云车上手持椎的神灵，就可判断为汉代的雷公形象。此外"图仙人之形，体生毛，臂变为翼，行于云则年增矣，千岁不死"（《率性篇》）；"儒者曰：'日中有三足乌，月中有兔、蟾蜍。'"（《说日篇》）又是判断仙人和日月的依据。从以上几例可看出，汉代在将神祇创作成可视形象时，通用的手法是用现实生活中的某一特有的物象或现象去附会而成。这方面的例子还有雨师（持瓶倾倒水）和风伯（持箕状物置于嘴吹气）这些神祇等。

汉代继承周代遗风，宫中在送岁的活动中有逐疫的大傩仪式。这是以由人化装成黄金四目、身披熊皮的大神方相氏为首，与另外化装而成的十二神兽一起驱赶、消灭各种害人的鬼怪妖孽。除宫廷外，汉代民间也有大傩的活动。这就说明，方相氏与十二神兽是汉代时深入社会的神祇。在山东沂南和四川郫县的画像石中，可以看到较为清晰而生动的汉代傩仪及傩仪中的神灵形象。

在崇祀对象中，有一类很特殊的内容，这就是以西王母为代表的神仙世界题材。由于这类题材与汉代人的生死观直接相关，触及画像砖、画像石制作的目的，这对汉画像内容的了解和分析显得尤为重要。

神仙思想的内容，秦汉时与汉代以后的意义不尽相同。长生，是秦汉人求仙的主要目的。从文献材料和画像实物来看，秦汉神仙思想有一个从古朴到丰富的过程。秦及西汉前期，服食（丹药、灵芝、甘露等）和借助神骑（龙、神马、神鹿等）是早期升仙的主要方式。秦始皇、汉景帝、汉武帝等一生不懈追求成仙，所信奉的也是以上内容。咸阳秦宫画像砖、汉武帝茂陵画像砖上，最常见的朱雀或凤鸟衔丹图像，就是这一社会风尚的反映。西汉时盛传西王母有不死之药，食后可成为与天地日月同寿的仙人，是西王母越来越受到崇拜的真正原因。西汉中期以后，所谓神仙思想或升仙思想，实际是对西王母的崇拜和对以西王母为主的神仙体系的崇拜。郑州西汉中晚期的画像砖上，西王母与白兔捣药、凤鸟衔丹同处于一个画面，是西王母制造长生不老药的形象说明。不死药使西王母与早期求仙方法衔接起来，形成求仙思想的连贯发展并成为社会风潮。史料记载汉代掀起过崇祀西王母的宗教狂热。典型的例子是汉哀帝建平四年（前3年）流传西王母不死书一事。这次求西王母赐药赐符而得长生的狂热活动由关东到关中，由春到秋，时间近一年，范围波及全国几十个州郡，弄得人心惶惶（《汉书·哀帝纪》《汉书·五行志第七下之上》中有记载）。

西汉中期至东汉，神仙美术发生了两个重要的变化。一是神仙世界逐渐形成了以西王母为主神的至尊局面；二是人间内容越来越多，到东汉以后，整个神仙世界基本被世俗内容所取代。这种现象，显然与整个社会的美术思潮有关。西汉中期以后，尤其是东汉时期，反映庄园生活内容、反映私人生活内容的美术品大量出现，与早期的神仙世界那种幻想奇特的描写相比，这种反映私人生活内容的作品，即使是非常抒情的，也表现得明确而诚挚。东汉以来的神仙美术，是以夸张的手法与写实的手法共同表现出来的艺术，既是荒诞的，又是实在的；既是对尘世的超越，又是人间真情的流露。因此，汉代的神仙美术体现了人在仙界与人世之间的徘徊中，更倾向喜爱人间的情感。

东汉以来，汉画中的西王母内容逐渐定型，主要分为繁式、简式和象征式三种类型。

1. 繁式：由西王母及其侍属如三青鸟、三足乌、九尾狐、玉兔、蟾蜍、伏羲、女娲、日神、月神、四灵（朱雀、玄武、青龙、白虎），羽人，连接人神两界的方士及各种常相、异相的神人等组成。这些侍属或全或缺，或多或少地与西王母形成多种组合，表现为众多的西王母繁复图式。

2. 简式：西王母坐于几后或龙虎座上，没有或略有两三个侍属。

3. 象征式："胜"形纹。

这些图式中，有的内容特殊，对今天理解汉代文化尤为难得。如伏羲与女娲、西王母本身。

**伏羲与女娲** 伏羲女娲本为中国古代神话中的两位大神。又是古代传说中三皇中的两位（另一位是神农），他们有着化生万物、经天纬地的伟绩。但在汉画中与西王母组合时，伏羲女娲仅是一种从属的身份。这说明在汉代人的观念中，作为神灵的伏羲女娲有了新的内涵和功能。与西王母组合的伏羲女娲多分置西王母两旁，伏羲双手捧日或一手举日一手持规；女娲则是双手捧月或一手举月一手持矩。古代记载中有以规测天、以矩量地之说，伏羲举日持规，女娲举月持矩，除了是天空的象征外，还有天地阴阳协合之意。中国古代传说中，女娲不仅抟土创造人类，被视为人之始祖；同时又是她将男女相配结为夫妻，故女娲又被视为婚姻之神。在西王母两侧的伏羲女娲多呈人首蛇身或人首龙身，往往作交尾之状，有的还作上接吻下交尾状（如四川郫县石棺画像）。从"尾"字在汉代作"交媾"解到这一特有的造型，完全可以认为是一种生殖崇拜图式。这一认识在四川璧山县的一幅石刻图像中得到充分的证实。此石棺上的伏羲女娲均为人形，叉腿并排而立；在伏羲女娲像之下有一对交尾蛇，两蛇的蛇头上举到伏羲女娲胯下，直指两人生殖器部位。这种直观的、示意图似的表现，确认了交尾伏羲女娲的真实含义。因而，西王母身边的伏羲女娲，其意为天空、天地阴阳协合及生殖崇拜。

**西王母** 西王母即神仙世界，到西王母身边即到了神仙世界，这一点在汉画中有明确的表现。对这一升仙过程的描写，以武氏祠石刻和南溪石棺石刻的两幅升仙图最为典型。山东嘉祥武氏祠后石室第二石一幅石刻中，在对峙的双阙后面，墓主人的亡灵伴着一丝云气出来，在羽人的导引下，乘上翼马所驾之车，升入到处是升腾的云气、带翼的仙人、神人和人首蛇躯的神灵的天空，最后到了处于画面最顶部的西王母身边。四川南溪县郊长顺坡的一口石棺侧面，刻了一幅类似连环画的画面。从右至左刻了手拉手的一对男女、立于男女旁捧物的童子、一只备好鞍的神鹿和一只飞鸟、一个持节的方士、半开的门和露出半个身子的童子、坐在龙虎座上的西王母。就在画面最后的西王母身边，站着画面开始的一男一女中的女子。这是一幅意思清楚的升仙图，从夫妻握别、乘鹿飞升、方士报信、仙童迎接，最后到了西王母身边成仙。西王母除了她及她周围各种神灵如蟾蜍、玉兔、方士、羽人等表示仙界，表示长生不老外，在汉代人的一些著述如《焦氏易林》中，西王母还有赐子的功能。因此，西王母又是记载中最早有送子功能的一位女神。

汉画中的西王母图像，表现了人类最基本的需求，即活下来、传下去的愿望。在史前艺术和民间艺术中，这种愿望多以避凶趋吉、消灾求福、祝生乞子等为内容，用强烈而直露的形式来表达。而在汉画中，则以西王母这一图式，以长生、成仙、赐子等内容为依托，用宗教、文化和隐寓的方式来表达。

汉代神仙美术中的神仙世界是汉代人想象力高度发挥的结果，也是艺术上自由与大力度表现的结果。那些夸张变形的神人、飞仙、神兽在快速飘动的云气中来去匆匆，或在充塞了阴阳二气的时空中上下沉浮、俯仰自由。这些神仙美术中，处处体现了浪漫、奇幻、飞动、流畅之美。

铺首是门扉上一种非常特殊的带有神性的物品，既有用于叩击、开关的实用性，又是镇宅、护宅的神明。"铺首"一语在汉代就已出现。如《汉书·哀帝纪》载："孝元庙殿门铜龟蛇铺首鸣。"东汉傅毅《舞赋》："黼帐袪而结组兮，铺首炳以煜煌。"但从汉代以来对铺首的解释，与我们今天所见到的汉代大量遗存的图像材料尚有不小的差距。直至今天，关于铺首的出现时间及其意义，依然歧义甚多。从纯图像研究的角度看，通过对汉及汉以前众多的图像材料的比较分析，可以清楚地发现铺首从史前到商周到战国到汉代，如何从一种立体形式转化为平面样式的演化过程。这一过程证明了铺首不是普通意义上的神祇，而是从远古流传下来的护佑人类的古老神明。正因为如此，铺首图像不仅在汉画建筑门扉中以多姿多态的形式出现，很多时候还以独立的无处不在的形式，与人、神、动物灵异配搭，以象征的形式，寓意门或某一界限。从这一点看，铺首应是中国最早出现的真正意义上的门神。

# 仙人神祇

风雨雷电之神　西汉　山东邹城卧虎山　石

河伯出行　东汉　山东嘉祥武氏祠　石

仙人神祇

雷神出行　东汉　江苏徐州铜山洪楼　石

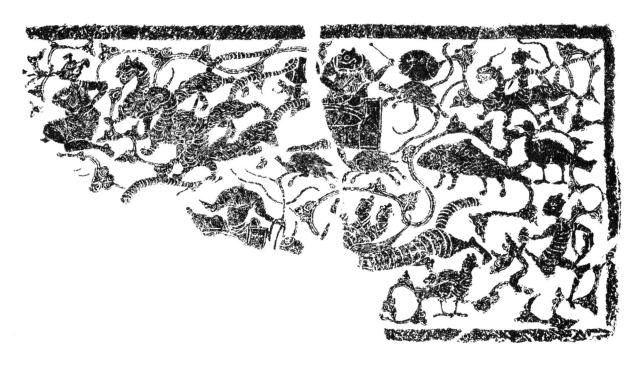

雷神出行　东汉　江苏徐州铜山洪楼　石

**雷神出行** 东汉 山东临沂 石

仙人神祇

四神与伏羲女娲　东汉　江苏徐州铜山洪楼　石

天宇图　东汉　河南南阳麒麟岗　石

西王母东王公　东汉　山东滕州　石

# 仙人

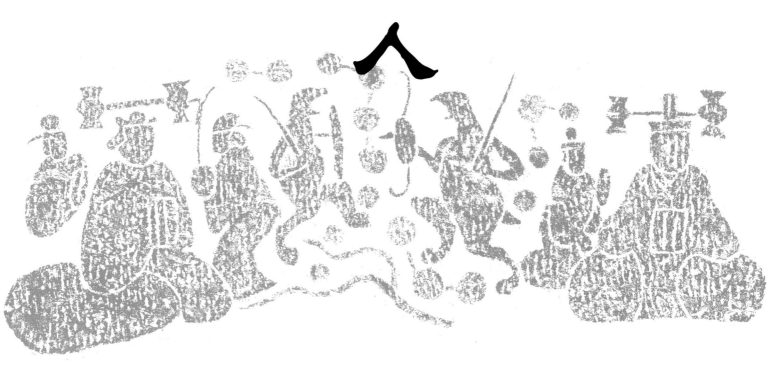

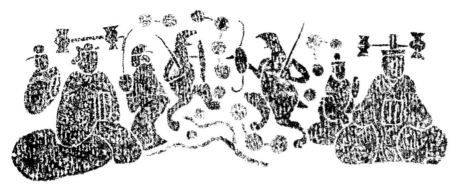

**西王母东王公**　东汉　河南南阳　石

**西王母东王公**　东汉　山东曲阜梁公林　石

**西王母东王公**　东汉　河南南阳熊营　石

**西王母东王公**　东汉　山东嘉祥武氏祠　石

**西王母东王公**　东汉　陕西绥德　石

仙人 西王母与东王公

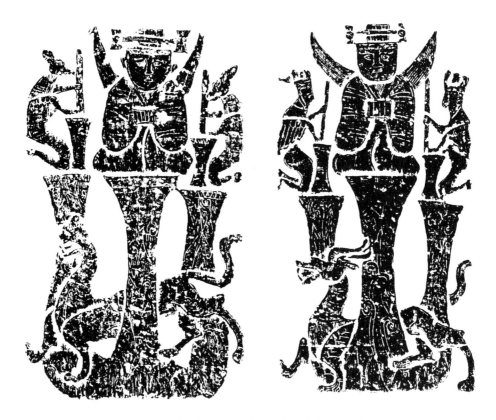

西王母东王公　东汉　山东沂南北寨　石

西王母东王公（双阙）　东汉　四川泸州　石

西王母东王公　东汉　山东滕州　石

西王母东王公　东汉　陕西绥德　石

仙人神祇

仙人 西王母与东王公

仙人 西王母 繁式

榜题 西王母 东汉 山东微山 石

榜题　田王母（西王母）　东汉　山东滕州　石

榜题　西王母　玉女侍　东汉　铜镜

仙人 西王母 繁式

导引升仙　东汉　山东嘉祥武氏祠　石

导引升仙　东汉　山东嘉祥武氏祠　石

西王母　东汉　安徽宿县褚兰宝光寺　石

西王母　东汉　安徽淮北　石

西王母　东汉　江苏沛县栖山　石

西王母　东汉　江苏徐州　石

西王母　东汉　江苏徐州铜山北洞山　石

西王母　东汉　江苏徐州铜山汉王　石

西王母　东汉　山东嘉祥　石

西王母　东汉　山东嘉祥　石

西王母　东汉　山东嘉祥　石

西王母　东汉　江苏徐州铜山北洞山　石

西王母　东汉　江苏徐州铜山汉王　石

仙人

西王母

繁式

西王母　东汉　山东嘉祥　石

仙人 西王母 繁式

西王母　东汉　山东嘉祥　石

西王母　东汉　山东嘉祥　石

西王母　东汉　山东嘉祥　石

西王母　东汉　山东嘉祥　石

西王母　东汉　山东嘉祥宋山　石

西王母　东汉　山东嘉祥武氏祠　石

西王母（局部）　东汉　山东嘉祥武氏祠　石

中国汉画大图典

西王母　东汉　山东临沂　石

西王母　东汉　山东嘉祥武氏祠　石

仙人　西王母　繁式

西王母（局部）　东汉　山东滕州　石

西王母　东汉　山东嘉祥武氏祠　石

西王母　东汉　山东滕州　石

仙人 西王母 繁式

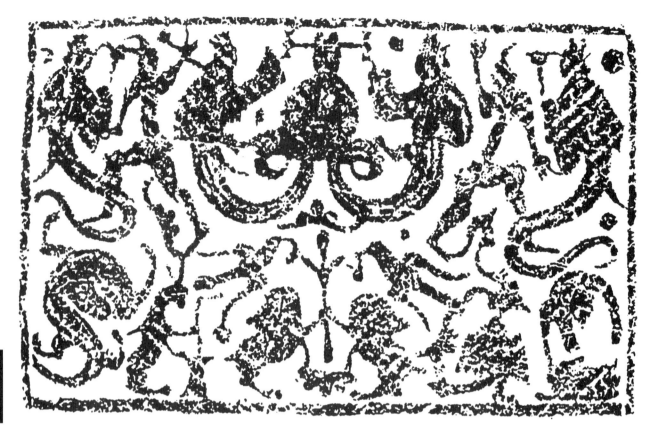

西王母　东汉　山东滕州　石

西王母　东汉　山东滕州　石

西王母　东汉　山东滕州　石

西王母　东汉　山东滕州　石

西王母　东汉　山东滕州　石

仙人 西王母 繁式

西王母　东汉　山东滕州　石

仙人 西王母 繁式

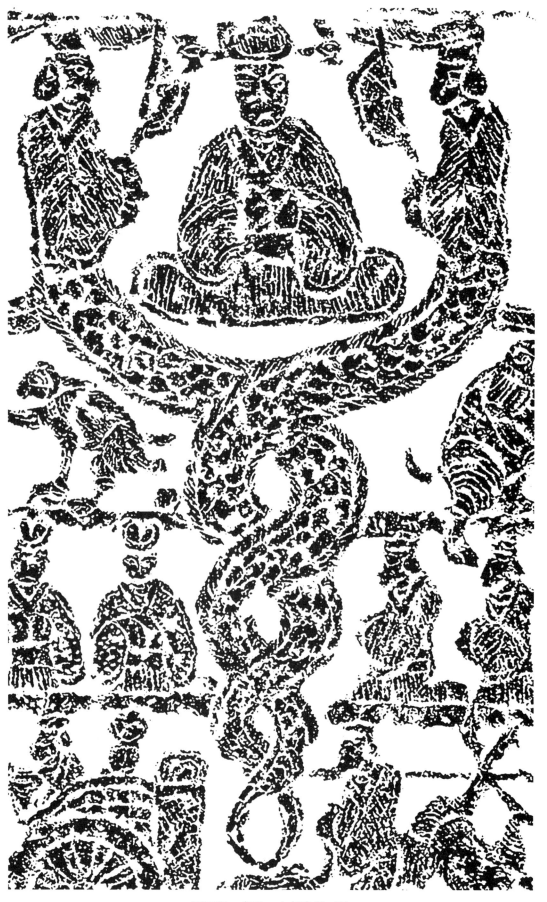

西王母　东汉　山东滕州　石

西王母　东汉　山东滕州　石

西王母　东汉　山东滕州　石

西王母　东汉　山东邹城　石

仙人 西王母 繁式

西王母　东汉　山东邹城　石

西王母　东汉　陕西神木　石

西王母　东汉　陕西绥德　石

西王母　东汉　陕西绥德　石

仙人神祇

仙人 西王母 繁式

西王母　东汉　陕西绥德　石

西王母　东汉
陕西榆林　石

西王母　东汉
陕西绥德　石

西王母　东汉　陕西榆林　石

西王母　东汉　四川南溪　石

仙人 西王母 繁式

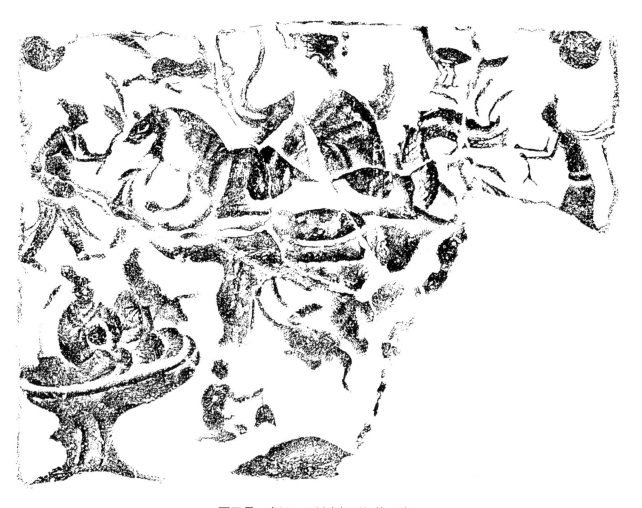

西王母　东汉　四川成都西门外　砖

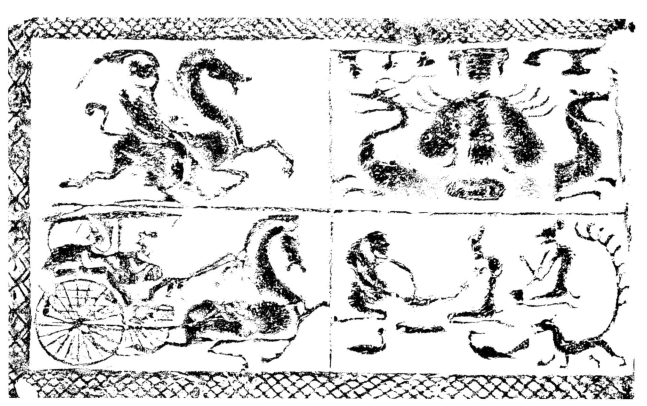

西王母　东汉　四川彭山　砖

西王母　东汉　四川彭山江口双河　石

西王母　东汉　四川彭山江渎　砖

仙人 西王母 繁式

西王母　东汉　四川彭山江口　砖

西王母　东汉　四川彭山牧马　砖

西王母　东汉　四川新津　砖

西王母　东汉　四川新津　砖

西王母　东汉　四川新都新农　砖

西王母　东汉　四川什邡　砖

西王母　东汉　四川新都新繁　砖

西王母　西汉　山东邹城　石

西王母（西王母车马铜镜范模拓片）　东汉　浙江绍兴　陶

仙人神祇

仙人 西王母 繁式

**仙人　西王母**　繁式

西王母　东汉　山西离石　石

**赐子西王母**（西逢王母，慈我九子）东汉
山东微山 石（旧拓）

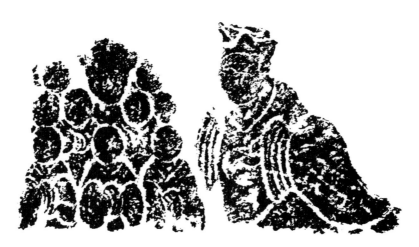

**赐子西王母**（西逢王母，慈我九子）东汉
山东微山 石（新拓）

**西王母** 东汉 安徽淮北 石

仙人 西王母 简式

西王母　东汉　河南南阳　石

西王母　东汉　河南南阳　石

西王母　东汉　河南唐河　石

西王母　东汉　河南新野　砖

西王母　东汉　河南新野　砖

西王母　东汉　河南新野　砖

西王母　东汉　河南新野　砖

仙人神祇

西王母　东汉　河南镇平　砖

西王母　东汉　河南郑州　砖

西王母　东汉　河南郑州　砖

西王母　东汉　江苏徐州　石

仙人 西王母 简式

西王母　东汉　河南郑州　砖

仙人 西王母 简式

西王母　东汉　山东微山　石

西王母　东汉　江苏徐州　石

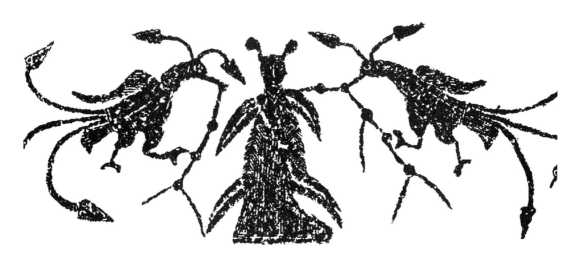
西王母　东汉　江苏徐州　石

西王母　东汉　江苏徐州　石

西王母　东汉　江苏徐州　石

西王母　东汉　山东莒县　石

西王母　东汉　山东嘉祥　石

西王母　东汉　山东　石

仙人神祇

仙人 西王母 简式

西王母　东汉　山东费县　石

中国汉画大图典

仙人 西王母 简式

西王母　东汉　山东苍山　石

西王母　东汉　山东邹城　石

西王母　东汉　山东滕州　石

西王母　东汉　山东临沂　石

西王母　东汉　山东滕州　石

西王母　东汉　陕西绥德　石

西王母　东汉　陕西绥德　石

仙人　西王母　简式

仙人 西王母 简式

西王母　东汉　四川富顺　石

西王母　东汉　四川德阳　砖

西王母　东汉　四川广汉　砖

西王母　东汉　四川合江　石

西王母　东汉　四川新津　石

西王母　东汉　四川彭州　砖

西王母　东汉　四川新津　砖

西王母　东汉　四川新津　砖

仙人神祇

仙人 西王母 简式

西王母　东汉　四川仁寿　砖

仙人 西王母 简式

西王母　东汉　四川彭山　石

西王母　东汉　四川荥经　石

西王母（局部）　东汉　四川荥经　石

仙人神祇

仙人 西王母 简式

仙人 西王母 简式

西王母　东汉　四川梓潼　石

西王母　西汉　河南郑州　砖

胜纹　东汉　山东梁山　石

胜纹　东汉　山东安丘　石

胜纹　东汉　四川南溪　石

仙人 东王公

榜题 东王父 东汉 山东邹城 石

东王公 东汉 四川合江 石

东王公　东汉　江苏邳州庞口　石

东王公　东汉　安徽宿县褚兰宝光寺　石

东王公　东汉　安徽定远　石

仙人 东王公

东王公　东汉　山东费县刘家疃　石

东王公　东汉　山东临沂　石

东王公　东汉　山东临沂　石

东王公　东汉　山东费县　石

东王公　东汉　山东嘉祥　石

东王公　东汉　山东临沂　石

东王公　东汉　山东滕州　石

东王公　东汉　山东滕州　石

东王公　东汉　陕西绥德　石

东王公　东汉　山东邹城　石

东王公　西汉　山东邹城　石

东王公　东汉　陕西绥德　石

东王公　东汉　陕西榆林　石

东王公　东汉　山东济宁　石

东王公　东汉　陕西绥德　石

东王公　东汉　陕西榆林　石

**仙人**

**西王母境**

羽人仙人 行走飞行

羽人　东汉　河南登封少室阙　石

羽人　东汉　河南登封太室阙　石

羽人　东汉　河南方城城关　石

羽人　东汉　河南南阳　石

羽人　东汉　河南南阳　石

羽人　东汉　河南南阳　石

羽人　东汉　河南南阳　石

羽人　东汉　河南南阳　石

羽人　东汉　河南南阳麒麟岗　石

羽人　东汉　河南南阳麒麟岗　石

仙人神祇

**仙人**

**西王母境**

羽人仙人　行走飞行

中国汉画大图典

仙人

西王母境

羽人仙人 行走飞行

羽人 东汉 河南南阳麒麟岗 石

羽人 东汉 河南南阳麒麟岗 石

羽人 东汉 河南唐河 石

羽人 东汉 河南 石

羽人 东汉 河南新野 砖

羽人 东汉 河南新野 砖

羽人 东汉 河南新野 砖

羽人 东汉 河南新野 砖

羽人　东汉　江苏徐州　石

羽人　东汉　江苏睢宁九女墩　石

羽人　东汉　河南新野　砖　　　羽人　东汉　江苏徐州　石

羽人　东汉　江苏徐州　石　　　羽人　东汉　山东安丘　石　　　羽人　东汉　山东苍山　石

仙人神祇

**仙人** | 西王母境

羽人仙人　行走飞行

# 仙人

**西王母境** 羽人仙人 行走飞行

羽人　东汉　山东苍山　石

羽人　东汉　山东苍山　石

羽人　东汉　山东东平后魏雪　石

羽人　东汉　山东费县　石

羽人　东汉　山东费县刘家疃　石

羽人　东汉　山东嘉祥　石

羽人　东汉　山东嘉祥　石

羽人　东汉　山东嘉祥　石

羽人　东汉　山东嘉祥武氏祠　石　　　羽人　东汉　山东嘉祥武氏祠　石　　　羽人　东汉　山东嘉祥武氏祠　石

仙人神祇

仙人 西王母境 羽人仙人 行走飞行

中国汉画大图典

**仙人**

**西王母境**
羽人仙人 行走飞行

羽人　东汉　山东嘉祥武氏祠　石

羽人　东汉　山东嘉祥武氏祠　石

羽人　东汉　山东嘉祥武氏祠　石

羽人　东汉　山东嘉祥武氏祠　石

羽人　东汉　山东嘉祥武氏祠　石

羽人　东汉　山东嘉祥武氏祠　石

羽人　东汉　山东嘉祥武氏祠　石

羽人　东汉　山东嘉祥武氏祠　石

羽人　东汉　山东嘉祥武氏祠　石

羽人　东汉　山东嘉祥武氏祠　石

羽人　东汉　山东嘉祥武氏祠　石

羽人　东汉　山东嘉祥武氏祠　石

仙人 西王母境 羽人仙人 行走飞行

羽人　东汉　山东嘉祥武氏祠　石

羽人　东汉　山东嘉祥武氏祠　石

羽人　东汉　山东嘉祥武氏祠　石

羽人　东汉　山东嘉祥武氏祠　石

羽人　东汉　山东嘉祥武氏祠　石

羽人　东汉　山东临沂　石

羽人　东汉　山东临沂　石

羽人　东汉　山东临沂　石

羽人　东汉　山东临沂　石

羽人　东汉　山东临沂　石

仙人 西王母境 羽人仙人 行走飞行

羽人　东汉　山东临沂　石

仙人神祇

羽人　东汉　山东平阴　石

羽人　东汉　山东平阴　石

羽人　东汉　山东曲阜　石

羽人　东汉　山东　石

羽人　东汉　山东泰安　石

羽人　东汉　山东泰安　石

仙人

**西王母境**

羽人仙人　行走飞行

羽人　东汉　山东滕州　石

羽人　东汉　山东滕州　石

羽人　东汉　山东滕州　石

羽人　东汉　山东滕州　石

中国汉画大图典

仙人

西王母境

羽人仙人 行走飞行

**羽人** 东汉 山东滕州 石

**羽人** 东汉 山东滕州 石

**羽人** 东汉 山东微山 石

**羽人** 东汉 山东微山 石

**羽人** 东汉 山东微山 石

**羽人** 东汉 山东微山 石

**羽人** 东汉 山东微山 石

**羽人** 东汉 山东微山 石

**羽人** 东汉 山东沂南 石

**羽人** 东汉 山东邹城 石

**羽人** 东汉 山东邹城 石

**羽人** 东汉 陕西清涧 石

仙人神祇

羽人　东汉　陕西绥德　石

羽人　东汉　四川彭山　石

羽人　东汉　陕西榆林　石

羽人　东汉　四川渠县王家坪　石

羽人　东汉　四川新津　砖

**仙人**

西王母境

羽人仙人　行走飞行

羽人　西汉　河南唐河　石

羽人　西汉　河南唐河　石

羽人　东汉　四川　砖

中国汉画大图典

仙人
西王母境
羽人仙人 戏兽驭兽

羽人乘凤　东汉　山东临沂　石

羽人乘虎　东汉　山西省艺术博物馆　石

羽人乘龙　东汉　山东　石

羽人乘龙　东汉　山东微山　石

羽人乘鹿　东汉　山东滕州　石

**羽人乘鹿** 东汉 山东滕州 石

**羽人乘鹿** 东汉 山东滕州 石

**羽人乘鹿** 东汉 山西省艺术博物馆 石

**羽人乘鹿** 东汉 陕西绥德 石

仙人 西王母境 羽人仙人 戏兽驭兽

**羽人乘鹿** 东汉 陕西绥德 石

**羽人乘鹿** 东汉 陕西绥德 石

**羽人乘鹿** 东汉 陕西绥德 石

中国汉画大图典

仙人 西王母境 羽人仙人 戏兽驭兽

羽人乘鹿　东汉　陕西绥德　石

羽人乘鹿　东汉　陕西绥德　石

羽人乘鹿　东汉　陕西绥德　石

羽人乘鹿　东汉　陕西绥德　石

羽人乘鹿　东汉　陕西绥德　石

**羽人乘虎**　东汉　江苏徐州　石　　　　　　　　**羽人乘鹿**　东汉　江苏徐州　石

**羽人乘鹿**　东汉　陕西绥德　石　　**羽人乘鹿**　东汉　陕西绥德　石　　**羽人乘鹿**　东汉　陕西绥德　石

**羽人乘鹿**　东汉　陕西榆林　石　　　　　　　　**羽人乘鹿**　东汉　陕西榆林　石

**羽人乘鹿**　东汉　四川金堂　砖　　　　　　　　**羽人乘鹿**　东汉　四川彭山　石

中国汉画大图典

仙人 西王母境 羽人仙人 戏兽驭兽

**羽人乘鹿** 东汉 四川彭山 石

**羽人乘马** 东汉 四川渠县蒲家湾 石

**羽人乘马** 东汉 四川什邡 砖

**羽人乘麒麟** 东汉 河南鄢陵 砖

**羽人乘麒麟** 东汉 山东临沂 石

**羽人乘麒麟** 东汉 山东临沂 石

羽人乘天马　东汉　四川成都　砖　　　羽人持鸟与桃　东汉　山东滕州　石

羽人戏龙　东汉　山东莒县　石

仙人｜西王母境　羽人仙人 戏兽驭兽

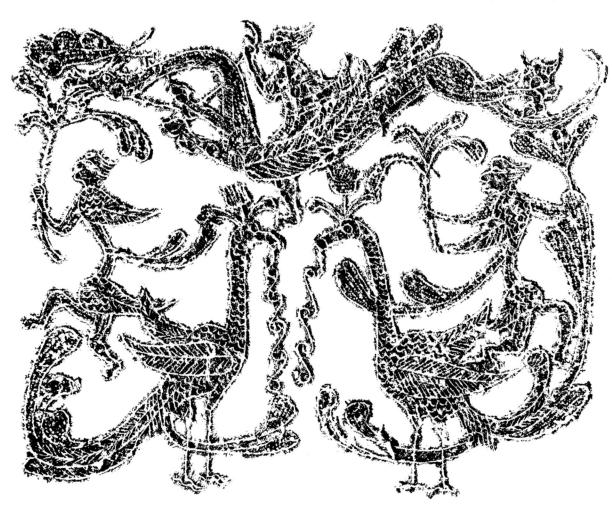

羽人龙凤　东汉　山东邹城　石

羽人戏凤　东汉　陕西榆林　石

**仙人**

**西王母境**

羽人仙人　戏兽驭兽

羽人龙虎　东汉　山东平阴　石

羽人龙虎　东汉　山东平阴　石

羽人龙虎　东汉　山东平阴　石

**羽人龙虎** 东汉 山东平阴 石

**羽人龙虎** 东汉 河南南阳 石

**羽人龙虎** 东汉 安徽淮北 石

羽人龙虎　东汉　河南南阳　石

羽人龙虎　东汉　河南南阳　石

羽人戏龙　东汉　河南南阳　石

羽人龙虎　东汉　河南南阳沙岗店　石

羽人龙虎　东汉　河南南阳引凤庄　石

羽人戏龙　东汉　河南唐河　石

羽人龙鱼　东汉　河南方城　石

羽人骑羊　东汉　山东临沂　石　　　　　羽人骑羊　东汉　山东临沂　石

**仙人**

**西王母境**

羽人仙人 戏兽驭兽

羽人骑羊　东汉　山东临沂　石

羽人麒麟　东汉　江苏徐州　石

羽人麒麟　东汉　江苏徐州　石

**羽人骑羊** 东汉 陕西绥德 石

**羽人麒麟** 东汉 江苏徐州 石

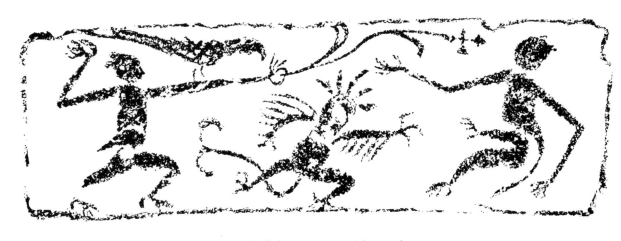

**羽人神鹰** 东汉 四川广汉 砖

**羽人神鹰** 东汉 四川彭州 砖

**仙人** 西王母境 羽人仙人 戏兽驭兽

羽人双龙　东汉　河南南阳　石

羽人饲凤　东汉　安徽淮北　石

羽人饲凤　东汉　安徽淮北　石

羽人饲凤　东汉　河南方城　石

羽人饲凤　东汉　河南方城　石

羽人饲凤　东汉　江苏睢宁九女墩　石

羽人饲凤　东汉　江苏徐州　石

羽人饲凤　东汉　山东安丘　石

**羽人饲凤** 东汉 江苏徐州新沂炮东 石

## 仙人

**西王母境**

羽人仙人 戏兽驭兽

**羽人饲凤** 东汉 山东费县 石

**羽人饲凤** 东汉 山东嘉祥 石

**羽人饲凤** 东汉 山东嘉祥武氏祠 石

**羽人饲凤** 东汉 山东兰陵 石

**羽人饲凤** 东汉 山东临沂 石

**羽人饲凤** 东汉 山东 石

**羽人饲凤** 东汉 山东滕州 石

**羽人饲凤** 东汉 山东滕州 石

仙人神祇

仙人 西王母境 羽人仙人 戏兽驭兽

仙人 西王母境 羽人仙人 戏兽驭兽

羽人饲凤　东汉　山东微山　石

羽人饲凤　东汉　山东邹城　石

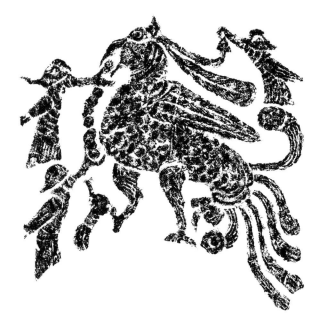
羽人饲凤　东汉　山东邹城　石

羽人饲凤　东汉　山东邹城　石

羽人饲凤　东汉　山东邹城　石

羽人饲凤　东汉　山东邹城　石

羽人饲凤　东汉　山东邹城　石

羽人饲凤　东汉　陕西榆林　石

羽人饲凤　东汉　陕西榆林　石　　　　　　　　羽人饲凤　东汉　陕西榆林　石

羽人饲凤　东汉　陕西榆林　石

羽人饲凤　东汉　陕西榆林　石

**仙人神祇**

**仙人 西王母境** 羽人仙人 戏兽驭兽

仙人 西王母境 羽人仙人 戏兽驭兽

羽人饲凤　东汉　山东微山　石

羽人饲虎　东汉　河南南阳军帐营　石

羽人饲虎　东汉　河南南阳草店　石　　　羽人饲龙　东汉　河南南阳　石

羽人饲龙　东汉　河南南阳　石

羽人饲龙　东汉　河南南阳　石

羽人饲龙　东汉　河南南阳　石

羽人饲龙　东汉　河南南阳　石

羽人饲龙　东汉　河南南阳七孔桥　石

羽人饲龙　东汉　河南南阳魏公桥　石

羽人饲龙　东汉　河南南阳　石

羽人饲龙　东汉　河南南阳　石

羽人饲龙　东汉　河南南阳　石

羽人饲龙　东汉　河南南阳　石

羽人饲龙　东汉　陕西绥德　石　　　　羽人饲龙　东汉　陕西榆林　石

羽人饲龙　东汉　陕西榆林　石

羽人饲龙　东汉　陕西榆林　石

羽人饲龙　东汉　陕西榆林　石

羽人饲麒麟　东汉　陕西绥德　石

羽人饲麒麟　东汉　陕西榆林　石

羽人饲麒麟　东汉　陕西榆林　石

羽人饲鸟　东汉　山东平阴　石

羽人饲天马　东汉　山东邹城　石

羽人戏凤　东汉　山东长清孝堂山　石

羽人戏凤　东汉　山东费县刘家疃　石

羽人戏凤　东汉　山东费县刘家疃　石

羽人戏凤　东汉　山东费县　石

**仙人**

**西王母境**

羽人仙人　戏兽驭兽

羽人戏凤　东汉　山东嘉祥武氏祠　石

羽人戏凤　东汉　山东沂水韩家曲　石

羽人戏虎　东汉　安徽淮北　石　　　　　　　羽人戏虎　东汉　江苏徐州　石

羽人戏虎　东汉　山东济宁　石　　　　　　　羽人戏龙　东汉　陕西榆林　石

羽人戏鹿　东汉　江苏徐州　石

**仙人** **西王母境** 羽人仙人 戏兽驭兽

羽人戏龙　东汉　河南南阳草店　石

羽人戏兽　东汉　山东安丘董家庄　石

羽人戏兽　东汉　山东安丘董家庄　石

**羽人戏兽** 东汉 河南南阳 石

**羽人与麒麟与虎** 东汉 江苏徐州 石

**羽人与天马** 东汉 四川绵阳 石

仙人

西王母境

羽人仙人 戏兽驭兽

羽人戏马　东汉　山西吕梁　石

羽人与升仙女　东汉　四川彭州九尺　砖

**羽人与升仙者** 东汉 四川彭州义和 砖

**羽人与天马仙鹿** 东汉 山东滕州 石

**仙人**

**西王母境**

羽人仙人 戏兽驭兽

**羽人驭凤** 东汉 山东临沂 石

**羽人与仙鹿** 东汉 山东临沂 石

**羽人驭凤** 东汉 山东嘉祥武氏祠 石

仙人神祇

**仙人** 西王母境 羽人仙人 戏兽驭兽

羽人驭凤　东汉　陕西绥德　石

羽人驭虎　东汉　河南南阳　石

羽人驭虎　东汉　河南南阳　石

**仙人**

**西王母境**

羽人仙人　戏兽驭兽

羽人驭虎　东汉　河南新野　砖

羽人驭龙　东汉　河南郑州　砖

羽人驭龙　东汉　河南南阳　石

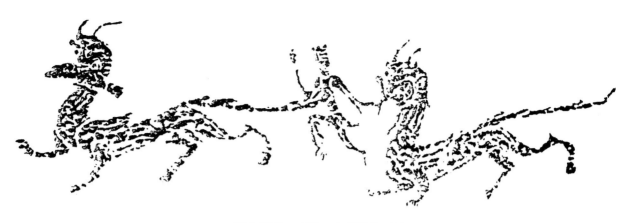

羽人驭龙　东汉　山东安丘　石

羽人驭龙　东汉　山东滕州　石

羽人驭龙　东汉　山东招远　石

羽人驭龙虎　东汉　河南南阳　石

羽人驭龙　东汉　四川渠县　砖

羽人驭鹿　东汉　山东滕州　石

羽人驭兽　东汉　陕西绥德　石

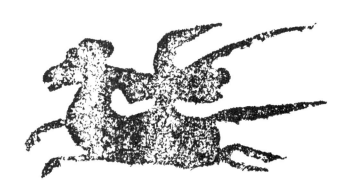
羽人驭兽　东汉　陕西绥德　石

羽人驭鹿　东汉　四川什邡　砖

**羽人驭仙鹿**　东汉　河南南阳十里堡　石

**仙人**

**西王母境** 羽人仙人 持物持芝草

羽人持丹　东汉　山东安丘　石　　　羽人持丹　东汉　山东兰陵　石　　　羽人持丹　东汉　山东临沂　石

羽人持丹　东汉　山东临沂　石　　　羽人持丹　东汉　山东滕州　石

羽人持华盖　东汉　山东嘉祥宋山　石　　　羽人持丹献芝草　东汉　四川彭州　砖

羽人持灵芝　东汉　河南南阳麒麟岗　石　　　　羽人持灵芝　东汉　河南南阳麒麟岗　石

羽人持灵芝　东汉　河南南阳　石　　　　羽人持灵芝　东汉　河南南阳　石

羽人持灵芝　东汉　河南南阳　石　　　　羽人持灵芝　东汉　河南南阳　石

中国汉画大图典

仙人

西王母境

羽人仙人　持物持芝草

羽人持灵芝　东汉　陕西米脂　石

羽人持灵芝　东汉　山东嘉祥武氏祠　石

**羽人持灵芝** 东汉 山东嘉祥武氏祠 石

**羽人持物** 东汉 山东嘉祥 石

**羽人持物** 东汉 河南方城 石

**羽人持树** 东汉 山东临沂 石

**羽人持物** 东汉 陕西榆林 石

仙人神祇

**仙人** 西王母境 羽人仙人 持物持芝草

115

**仙人**

**西王母境** 羽人仙人 持物持芝草

羽人持鸟　东汉　江苏睢宁九女墩　石

羽人持物　东汉　山东沂水　石

**羽人持物**　东汉　重庆合川　石

**羽人持物**　东汉　山东嘉祥武氏祠　石　　　　　　**羽人持仙草**　东汉　江苏徐州　石

**羽人持仙草**　东汉　陕西绥德　石　　**羽人持仙草**　东汉　陕西绥德　石　　**羽人持仙草**　东汉　陕西绥德　石

**羽人持仙草**　东汉　山东沂南　石　　**羽人持仙草**　东汉　陕西米脂　石　　**羽人持仙草**　东汉　陕西绥德　石

仙人神祇

仙人 西王母境　羽人仙人 持物持芝草

仙人

西王母境

羽人仙人 持物持芝草

羽人持仙草　东汉　陕西绥德　石

羽人持仙草　东汉　陕西绥德　石

羽人持仙草　东汉　陕西绥德　石

羽人持仙草　东汉　陕西绥德　石

羽人持仙草　东汉　陕西绥德　石

羽人持仙草　东汉　陕西榆林　石

羽人持仙草　东汉　陕西榆林　石

羽人持仙草　东汉　陕西榆林　石

羽人持仙草　东汉　陕西榆林　石

羽人持仙草　东汉　陕西榆林　石

羽人持仙草　东汉　陕西榆林　石

羽人持仙草　东汉　陕西榆林　石　　羽人持仙草　东汉　陕西榆林　石　　羽人持仙草　东汉　陕西榆林　石

羽人持仙草　东汉　陕西榆林　石　　羽人持仙草　东汉　陕西榆林　石　　羽人持仙草　东汉　陕西榆林　石

羽人持仙草　东汉　陕西榆林　石　　羽人持仙草　东汉　陕西榆林　石　　羽人持仙草　东汉　陕西榆林　石

羽人持仙草　东汉　陕西榆林　石　　羽人持仙草　东汉　陕西榆林　石　　羽人持仙草　东汉　陕西榆林　石

仙人神祇

仙人　西王母境　羽人仙人　持物持芝草

中国汉画大图典

仙人 西王母境 羽人仙人 持物持芝草

**羽人持仙草**　东汉　陕西榆林　石　　　**羽人持仙草**　东汉　陕西榆林　石　　　**羽人持仙草**　东汉　陕西榆林　石

**羽人持芝草**　东汉　河南新野　砖　　　**羽人持芝草**　东汉　河南淅川　砖　　　**羽人持芝草**　东汉　河南南阳　石

**羽人持芝草**　东汉　河南南阳　石　　　　　　　　**羽人持芝草**　东汉　河南南阳　石

**羽人持芝草**　东汉　河南南阳　石　　　**羽人持芝草**　东汉　江苏睢宁九女墩　石　　　**羽人持芝草**　东汉　山东安丘　石

**羽人持芝草** 东汉 山东安丘 石

**羽人持芝草** 东汉
山东嘉祥宋山 石

**羽人持芝草** 东汉
山东嘉祥宋山 石

**羽人持芝草** 东汉
山东嘉祥宋山 石

**羽人持芝草** 东汉 山东莒县 石

**羽人持芝草** 东汉 山东沂南 石

**羽人持芝草** 东汉 陕西米脂 石

**羽人持芝草** 东汉 陕西榆林 石

**羽人持芝草** 东汉 四川金堂 砖

**羽人持芝草** 东汉 四川渠县 石

中国汉画大图典

仙人 西王母境 羽人仙人 持物持芝草

**羽人捣药** 东汉
四川新津 砖

**羽人捧灯** 东汉
陕西绥德 石

**羽人捧碗** 东汉
山东嘉祥武氏祠 石

**羽人捣药** 东汉 江苏徐州 石

**羽人拖物** 东汉 河南南阳 石

**羽人守门** 东汉 山西离石吴执仲墓 石

羽人献芝草　东汉　江苏睢宁九女墩　石

羽人献芝草　东汉　江苏睢宁九女墩　石

仙人神祇

仙人 西王母境　羽人仙人 持物持芝草

榜题　赤诵马（赤松马）　东汉　铜镜

榜题　王乔马（王子乔马）　东汉　铜镜

榜题　先（仙）人骑　东汉　四川简阳鬼头山三号石棺　石

仙人乘鹿　东汉　河南南阳宛城　石

仙人乘鹿　东汉　河南南阳宛城　石

仙人乘麒麟　东汉　河南登封启母阙　石　　　仙人乘麒麟　东汉　山东临沂　石

# 仙人

**西王母境** 羽人仙人 仙人

仙人乘羊　东汉　山东临沂　石

仙人持丹　东汉　山东临沂　石

仙人持盘　东汉　四川渠县赵家坪　石

仙人持物　东汉　四川长宁　石

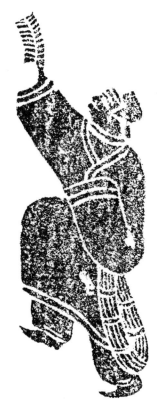

仙人持芝草　东汉　陕西绥德　石　　　　仙人持芝草　东汉　陕西绥德　石

仙人　东汉　河南方城　砖　　　　仙人　东汉　山东临沂　石

**仙人**

**西王母境**

羽人 仙人 仙人

**仙人持仙草** 东汉 河南南阳 石

**仙人持棨戟** 东汉 四川新都新繁 砖

**仙人持物** 东汉
河南南阳 石

**仙人持仙草** 东汉
四川渠县赵家坪 石

**仙人持芝草** 东汉
河南登封启母阙 石

仙人　东汉　山东临沂　石

仙人　东汉　山东滕州　石

仙人　东汉　山东沂南　石

仙人　东汉　陕西绥德　石

中国汉画大图典

仙人 西王母境 羽人仙人 仙人

仙人　东汉　陕西绥德　石

仙人　东汉　陕西绥德　石

仙人　东汉　陕西绥德　石

仙人　东汉　四川南溪　石

仙人斗虎　东汉　河南南阳董庄　石

仙人鹿上倒立　东汉　山东滕州　石

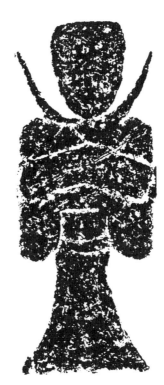

仙人捧盾　东汉　山东费县　石

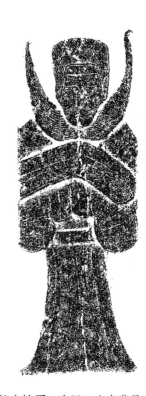

仙人捧盾　东汉　山东费县　石

**仙人** 西王母境 羽人仙人　仙人

仙人骑龙　东汉　山东微山　石

仙人骑龙　东汉　山东微山　石

仙人骑龙　东汉　山东微山　石

仙人骑鹿　东汉　江苏徐州　石

仙人骑鹿　东汉　河南南阳熊营　石

**仙人**

**西王母境**　羽人仙人　仙人

仙人骑鹿持灵芝　东汉　四川成都　砖

仙人骑鹿　东汉　江苏徐州　石

仙人骑鹿　东汉　山东滕州　石

仙人骑羊　东汉　山东临沂　石

仙人骑兽　东汉　山东临沂　石

仙人饲麒麟　东汉　四川泸州　石

仙人牵犬　东汉　山东滕州　石

仙人戏龙　东汉　河南南阳　石

仙人戏龙　东汉　重庆忠县邓家沱　石

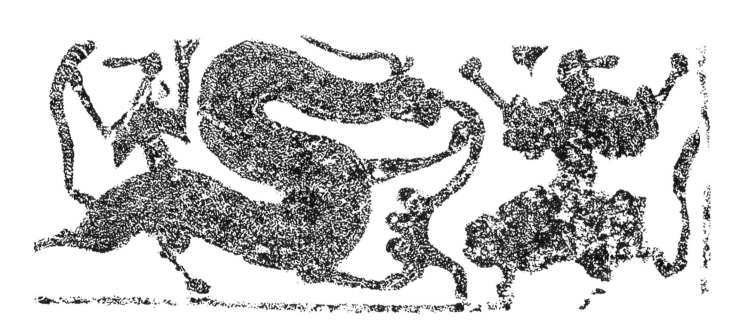

仙人戏龙　东汉　山东博物馆　石

仙人戏兽　东汉　河南南阳五中　石

仙人戏兽　东汉　四川渠县蒲家湾　石

仙人驭虎行猎　西汉　河南南阳赵寨　石

仙人驭虎　东汉　河南南阳　石

仙人驭虎　东汉　河南商丘　石

仙人驭虎　东汉　陕西榆林　石

仙人戏羊　东汉　山东济宁　石

仙人与仙鹿　东汉　山东聊城　石

仙人驭龙　东汉　四川新津　石

仙人驭兽　东汉　河南南阳　石

仙人驭马　东汉　四川什邡　砖

仙人 西王母境 羽人仙人 博戏

榜题 先（仙）人博　东汉　四川简阳鬼头山三号石棺　石

仙人鼓琴　东汉　四川新津　石

仙人对舞　东汉　山东临沂　石

仙人鼓琴　东汉　四川彭山　石

仙人六博　新莽至东汉早期　山东曲阜东安汉里　石

仙人六博　东汉　四川德阳　砖

仙人六博　东汉　四川德阳　砖

仙人神祇

仙人

西王母境

羽人仙人　博戏

仙人六博　东汉　四川德阳　砖

仙人六博　东汉　四川广汉　砖

仙人六博　东汉　四川广汉　砖

仙人六博　东汉　四川广汉　砖

仙人六博　东汉　陕西榆林　石

仙人六博　东汉　四川南溪　石

仙人六博　东汉　四川彭山　石

仙人　西王母境　羽人仙人　博戏

中国汉画大图典

仙人 西王母境 羽人仙人 博戏

仙人六博　东汉　四川彭州义和　砖

仙人六博　东汉　四川新都　砖

仙人六博　东汉　四川什邡　砖

**仙人六博** 东汉 四川新津 石

**仙人六博** 东汉 四川新津 石

仙人 西王母境 羽人仙人 博戏

仙人戏 东汉 安徽定远 石

搏击 仙人戏（局部） 东汉 安徽定远 石

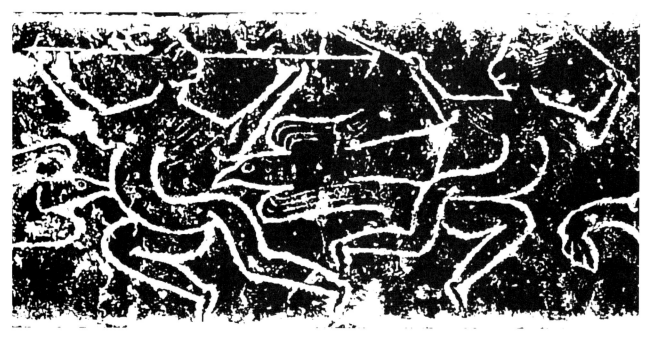

搏击 仙人戏（局部） 东汉 安徽定远 石

百戏 仙人戏（局部） 东汉 安徽定远 石

戏熊 仙人戏（局部） 东汉 安徽定远 石

仙人 西王母境 羽人仙人 博戏

羽人格斗　东汉　山东滕州　石

羽人六博　东汉　四川彭山　石

羽人游戏　东汉　四川什邡皂角　砖

羽人游戏　东汉　四川什邡　砖

仙人神祇

榜题 玉女侍　东汉　浙江绍兴　铜镜　　　玉女　东汉　安徽淮北　石　　　玉女　东汉　河南南阳　石

玉女　东汉　浙江绍兴　铜镜陶模　　　西王母与玉女　东汉　浙江绍兴　铜镜陶模

仙人　西王母境　玉女

玉女　东汉　河南郑州　砖　　　玉女　东汉　山东邹城　石　　　玉女　东汉　山东邹城　石

147

九尾狐　东汉　河南新野　砖

仙人 西王母境 九尾狐

九尾狐　东汉　山东嘉祥　石

九尾狐　东汉　山东滕州　石

九尾狐　东汉　山东滕州　石

九尾狐　东汉　山东滕州　石

九尾狐　东汉　山东邹城　石

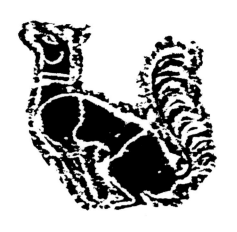
九尾狐　东汉　山东嘉祥　石

九尾狐　东汉　山东临沂　石

九尾狐　东汉　陕西神木　石

九尾狐　东汉　四川彭山江口双河　石

九尾狐　东汉　四川彭山　砖

九尾狐　东汉　四川什邡　砖

**仙人 西王母境 九尾狐**

九尾狐　东汉　四川新都新繁　砖

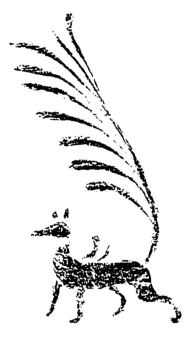

九尾狐　东汉　四川成都　砖

九尾狐　东汉　四川新都新农　砖

九尾狐　东汉　江苏徐州　石

九尾狐　东汉　四川新津　砖

九尾狐　东汉　四川新津　砖

九尾狐　东汉　山东滕州　石

九尾狐　东汉　四川新津　砖

九尾狐　东汉　四川新津　砖

九尾狐　东汉　重庆合川　石

九尾狐　东汉　山东临沂　石

九尾狐　东汉　陕西绥德　石

九尾狐　东汉　四川彭山　砖

九尾狐　东汉　河南郑州　砖

仙人神祇

仙人 西王母境 九尾狐

仙人 西王母境 九尾狐

九尾狐　东汉　江苏徐州　石

九尾狐　东汉　山东嘉祥　石

九尾狐　东汉　四川新都　砖

九尾狐　东汉　四川彭山　石

九尾狐　东汉　河南郑州　砖

九尾狐　东汉　江苏徐州　石

九尾狐　东汉　陕西米脂　石

九尾狐　东汉　河南新野　砖

三足乌　东汉　安徽萧县　石

三足乌　东汉　河南南阳　石

三足乌　东汉　江苏徐州铜山　石

三足乌　东汉　山东长清郭巨祠　石

三足乌　东汉　山东嘉祥　石

三足乌　东汉　陕西神木　石

中国汉画大图典

仙人 西王母境 三足乌

三足乌　东汉　陕西绥德　石

三足乌　东汉　四川成都西门外　砖

三足乌　东汉　四川彭山江口双河　石

三足乌　东汉　四川新都新农　砖

三足乌　东汉　四川什邡　砖

三足乌　东汉　四川新都新繁　砖

三足乌　东汉　四川新津　砖

三足乌　东汉　重庆合川　石

三足乌　东汉　重庆忠县邓家沱　石

三足乌　东汉　河南唐河　石

三足乌　东汉　河南新野　砖

三足乌　东汉　河南新野　砖

仙人 西王母境 三足乌

三足乌　东汉　河南新野　砖

三足乌　东汉　河南新野　砖

三足乌　东汉　河南郑州　砖

三足乌　东汉　江苏徐州　石

三足乌　东汉　江苏徐州　石

三足乌　东汉　四川彭山　石

三足乌　东汉　四川彭山　石

三足乌　东汉　四川新都　砖

蟾蜍　东汉　山东嘉祥武氏祠　石

蟾蜍　东汉　山东嘉祥　石

蟾蜍　东汉　山东滕州　石

蟾蜍　东汉　四川什邡　砖

蟾蜍　东汉　四川新都新繁　砖

蟾蜍 东汉 四川南溪 石

**仙人**

**西王母境**

蟾蜍玉兔

蟾蜍 东汉 四川合江 石

蟾蜍 东汉 四川彭山江口双河 石

蟾蜍 东汉 四川新都新农 砖

蟾蜍 东汉 四川新津 砖

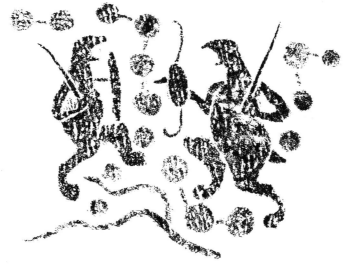

蟾蜍技击　东汉　河南南阳　石

玉兔蟾蜍捣药　东汉　山东嘉祥　石

玉兔蟾蜍捣药　东汉　山东嘉祥　石

玉兔捣药　东汉　江苏徐州　石

**仙人**

**西王母境**

蟾蜍玉兔

玉兔捣药　东汉　河南南阳　石　　玉兔捣药　东汉　河南郑州　砖　　玉兔持灵芝　东汉　四川成都　砖

玉兔捣药　东汉　山东临沂　石

**玉兔捣药**　东汉　山东曲阜旧县　石 　　　**玉兔捣药**　东汉　陕西米脂　石 　　　**玉兔捣药**　东汉　陕西神木　石

**玉兔捣药**　东汉　陕西绥德　石 　　　**玉兔捣药**　东汉　陕西绥德　石 　　　**玉兔捣药**　东汉　陕西绥德　石

**玉兔捣药**　东汉　陕西榆林　石 　　　**玉兔捣药**　东汉　陕西榆林　石 　　　**玉兔捣药**　东汉　陕西榆林　石

仙人神祇　仙人　西王母境　蟾蜍玉兔

**仙人** | 西王母境 | 蟾蜍玉兔

玉兔捣药　东汉　陕西榆林　石

玉兔捣药　东汉　陕西榆林　石

玉兔捣药　东汉　陕西榆林　石

玉兔捣药　东汉　陕西榆林　石

玉兔捣药　东汉　陕西榆林　石

玉兔捣药　东汉　四川渠县王家坪　石

玉兔捣药　东汉　河南邓县　砖

玉兔捣药　东汉　河南密县　砖

玉兔捣药　东汉　河南南阳　石

玉兔捣药　东汉　河南南阳　石

玉兔捣药　东汉　河南南阳　石

玉兔捣药　东汉　河南新野　砖

玉兔捣药　东汉　河南郑州　砖

玉兔捣药　东汉　江苏徐州　石

玉兔捣药　东汉　江苏徐州　石

玉兔捣药　东汉　江苏徐州　石

玉兔捣药　东汉　山东嘉祥　石

玉兔捣药　东汉　山东莒南　石

仙人　西王母境　蟾蜍玉兔

中国汉画大图典

玉兔捣药　东汉　山东曲阜　石

玉兔捣药　东汉　山东滕州　石

玉兔捣药　东汉　陕西绥德　石

**仙人**

**西王母境**

蟾蜍玉兔

玉兔捣药　东汉　陕西绥德　石

玉兔捣药　东汉　四川新津　砖

玉兔捣药　东汉　重庆江北　石

玉兔捣药　东汉　河南南阳　石

玉兔　东汉　江苏徐州　石

玉兔　东汉　山东济宁　石

玉兔　东汉　江苏徐州　石

玉兔　东汉　山东苍山　石

玉兔　东汉　山东临沂　石

方士 东汉 江苏睢宁九女墩 石

方士 东汉 四川新都 砖

方士 东汉 四川南溪 石

方士 东汉 江苏睢宁九女墩 石

方士 东汉 河南南阳草店 石

方士 东汉 河南淅川 砖

**方士** 东汉 河南南阳军帐营 石

**方士** 东汉 河南新野 砖

**方士** 东汉 四川长宁 石

**方士** 东汉 四川成都 砖

仙人 西王母境 方士

方士 东汉 河南南阳 石　　　　方士 东汉 河南南阳 砖

方士 东汉 河南南阳东关 石　　方士 东汉 河南南阳东关 石　　方士 东汉 河南南阳 石

**榜题　天门**　东汉　四川简阳鬼头山三号石棺　石

**仙界开门羽人**　东汉　四川芦山王晖石棺　石

仙人

仙界与仙界神异　仙界迎接

## 仙人 / 仙界与仙界神异 / 仙界迎接

仙界开门羽人　东汉　四川渠县赵家坪　石

仙界开门仙人　东汉　江苏徐州　石

仙界开门仙人　东汉　四川合江　石

仙界开门仙人　东汉　四川南溪　石

仙界开门仙人　东汉
四川荥经　石

仙界开门仙人　东汉
重庆璧山　石

仙界开门仙人　东汉　山东沂水　石

仙境迎接　东汉　山东苍山　石

仙境迎接　东汉　四川彭山　石

羽人方士仙鹿　东汉　江苏睢宁九女墩　石

仙界　东汉　陕西榆林　石　　　　　仙界　东汉　陕西绥德　石

仙界　东汉　山东嘉祥武氏祠　石

羽人仙山　仙界（局部）　东汉　陕西绥德　石

仙界　东汉　陕西榆林　石

仙界　东汉　四川长宁　石

林下双鹿　东汉　四川成都　砖

仙界　东汉　四川彭山江口　砖

仙界　东汉　四川合江　石

三神山　东汉　四川彭山　石

羽人庭院　东汉　陕西绥德　石

**骑鹿升仙女** 东汉 四川彭州 砖

**骑鹿升仙人** 东汉 四川新都 砖

中国汉画大图典

仙人 | 仙界与仙界神异 | 人身兽首仙人

虎首　东汉　陕西榆林　石

鸡首　东汉　江苏沛县栖山　石

鸡首　东汉　江苏徐州　石

鸡首　东汉　江苏徐州铜山汉王　石

鸡首　东汉　山东嘉祥　石

鸡首　东汉　山东嘉祥　石

鸡首　东汉　安徽宿县褚兰宝光寺　石

鸡首　东汉　山东嘉祥　石

鸡首　东汉　山东费县　石

鸡首　东汉　山东嘉祥武氏祠　石

鸡首　东汉　山东　石

鸡首　东汉　山东滕州　石

仙人 | 仙界与仙界神异 | 人身兽首仙人

仙人 仙界与仙界神异 人身兽首仙人

鸡首　东汉　山东嘉祥　石

鸡首　东汉　陕西神木　石

鸡首　东汉　山东邹城　石

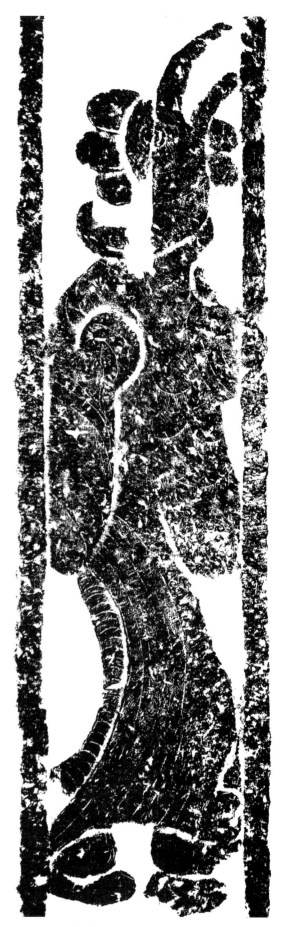

鸡首　东汉　山东临沂　石

鸡首　东汉　陕西绥德　石　　　　　　　鸡首　东汉　陕西绥德　石

鸡首　东汉　陕西绥德　石　　　鸡首　东汉　陕西绥德　石　　　鸡首　东汉　陕西绥德　石

仙人神祇

仙人 | 仙界与仙界神异 | 人身兽首仙人

# 仙人

## 仙界与仙界神异

### 人身兽首仙人

鸡首　东汉　陕西绥德　石

鸡首　东汉　陕西榆林　石

鸡首　东汉　陕西榆林　石

鸡首　东汉　陕西榆林　石

鸡首　东汉　陕西榆林　石

鸡首　东汉　陕西榆林　石

鸡首　东汉　陕西榆林　石

鸡首　东汉　陕西榆林　石

鸡首　东汉　陕西榆林　石

鹿首　东汉　陕西榆林　石

鹿首　东汉　河南南阳　石

仙人 | 仙界与仙界神异　人身兽首仙人

**仙人 仙界与仙界神异 人身兽首仙人**

马首　东汉　江苏沛县栖山　石

马首　东汉　江苏徐州　石

马首　东汉　河南南阳　石

马首　东汉　山东嘉祥　石

马首　东汉　山东嘉祥武氏祠　石

马首　东汉　山东邹城　石

牛首　东汉　江苏徐州铜山汉王　石

牛首　东汉　陕西绥德　石

牛首　东汉　山东费县刘家疃　石

牛首　东汉　陕西绥德　石

牛首　东汉　陕西绥德　石

牛首　东汉　陕西绥德　石

仙人神祇

仙人

仙界与仙界神异　人身兽首仙人

185

仙人　仙界与仙界神异　人身兽首仙人

牛首　东汉　陕西榆林　石

牛首　东汉　陕西榆林　石

牛首　东汉　陕西榆林　石

牛首　东汉　陕西榆林　石

牛首　东汉　陕西榆林　石

牛首　东汉　陕西榆林　石

牛首　东汉　陕西榆林　石

牛首　东汉　陕西榆林　石

牛首　东汉　陕西榆林　石

牛首　东汉　陕西榆林　石

**仙人** 仙界与仙界神异　人身兽首仙人

仙人 | 仙界与仙界神异 | 人身兽首仙人

牛首　东汉　陕西榆林　石

牛首　东汉　陕西米脂　石

犬首　东汉　山东嘉祥　石

牛首　东汉　陕西榆林　石

# 神祇

雷神出行　东汉　山东嘉祥武氏祠　石

天界神异　东汉　陕西米脂　石

**太一神** 东汉 河南南阳麒麟岗 石

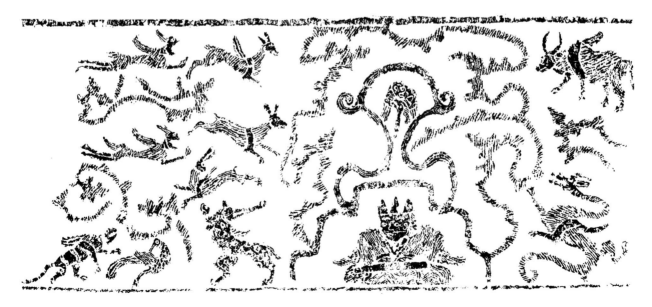

**太一神** 东汉 山东滕州 石

神祇 太一神

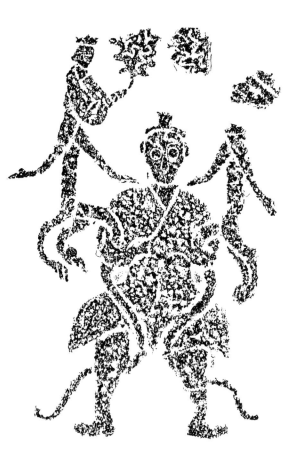

太一神　东汉　河南唐河　石

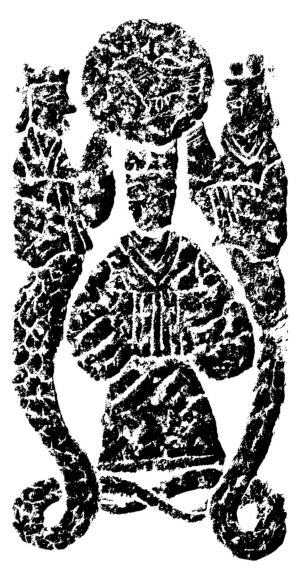

太一神　东汉　山东邹城　石

太一神　东汉　河南南阳　石

太一神　东汉　安徽萧县　石

太一神　东汉　山东沂南　石

太一神　东汉　山东嘉祥纸坊　石

太一神　东汉　山东滕州　石

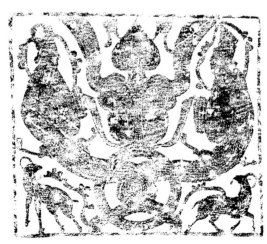

太一神　东汉　山东滕州　石

太一神　东汉　山东滕州　石

伏羲女娲　东汉　河南南阳　石

伏羲女娲　东汉　河南南阳麒麟岗　石

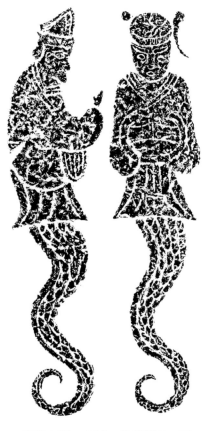

伏羲女娲　东汉　安徽萧县　石

## 神祇
**伏羲女娲**　成对像

伏羲女娲　东汉　河南南阳　石　　　　伏羲女娲　东汉　河南唐河　石

神祇 伏羲女娲 成对像

伏羲女娲　东汉　江苏徐州铜山蔡丘　石

伏羲女娲　东汉　山东济宁北郑庄　石

伏羲女娲　东汉　陕西榆林　石

伏羲女娲　东汉　陕西榆林　石

神祇 伏羲女娲 成对像

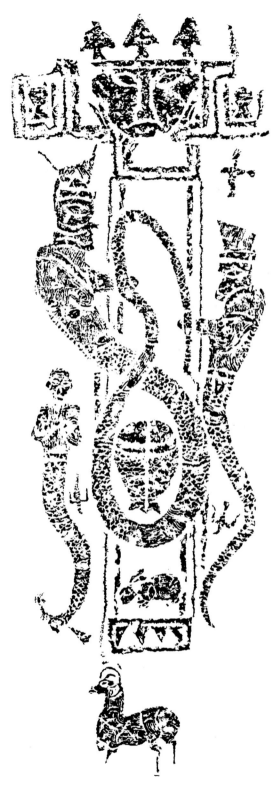

伏羲女娲　东汉　山东新泰　石

伏羲女娲　东汉　山东邹城　石

伏羲女娲　东汉　山东滕州　石

神祇

伏羲女娲　成对像

伏羲女娲　东汉　陕西榆林　石

伏羲女娲　东汉　江苏徐州　石

伏羲女娲　东汉　陕西榆林　石

伏羲女娲（上半幅） 东汉 陕西榆林 石　　　伏羲女娲 东汉 陕西榆林 石

伏羲女娲 东汉 陕西榆林 石　　　伏羲女娲 东汉 陕西榆林 石

伏羲女娲 东汉 重庆璧山 石

**神祇 伏羲女娲 成对像**

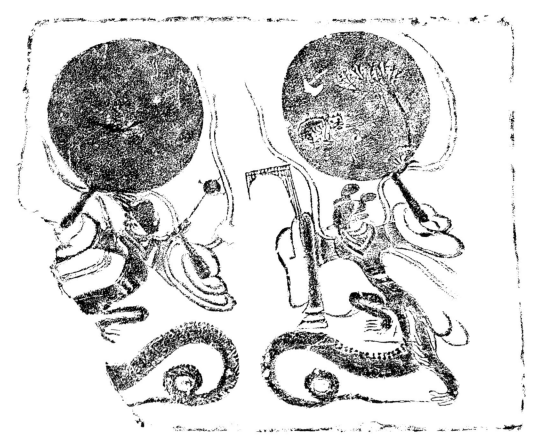

伏羲女娲　东汉　四川崇州　砖

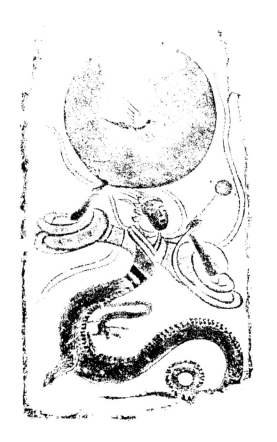
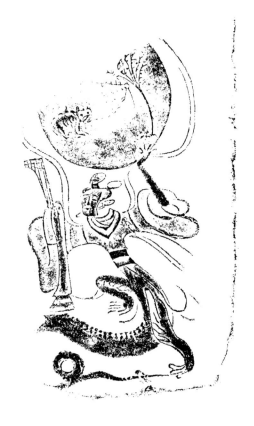

伏羲女娲　东汉　四川新津　砖

**伏羲女娲** 东汉 四川合江 石

**伏羲女娲** 东汉 四川江安 石

**伏羲女娲** 东汉 四川金堂 石

**伏羲女娲** 东汉 四川郫县 石

**伏羲女娲** 东汉 四川郫县 石

**伏羲女娲** 东汉 四川新津 石

仙人神祇

神祇 伏羲女娲 成对像

神祇 伏羲女娲 成对像

伏羲女娲　东汉　陕西榆林　石

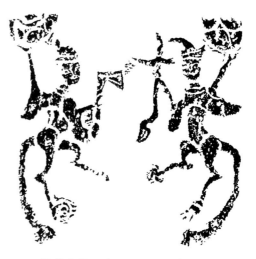

伏羲女娲　东汉　四川宜宾　石

伏羲女娲　东汉　重庆璧山　石

伏羲女娲蛙形神异　东汉　河南南阳麒麟岗　石

**伏羲** 东汉 安徽萧县 石

**伏羲** 东汉 河南南阳 石

**伏羲** 东汉 河南南阳 石

**伏羲** 东汉 河南永城 石

**伏羲** 东汉 河南南阳 石

**伏羲** 东汉 河南南阳 石

中国汉画大图典

神祇

伏羲女娲 捧日月像

伏羲 东汉
山东 石

伏羲 东汉
河南南阳 石

伏羲 东汉
河南永城 石

伏羲 东汉
河南南阳 石

伏羲 东汉
山东莒县 石

伏羲 东汉
山东兰陵 石

伏羲 东汉
河南南阳 石

 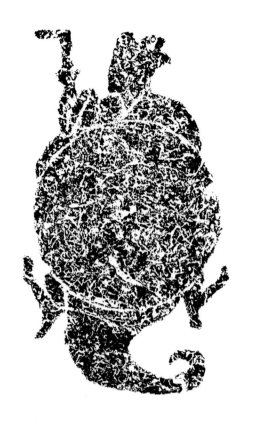 

**伏羲** 东汉 江苏徐州十里铺 石　　**伏羲** 东汉 山东费县 石　　**伏羲** 东汉 山东临沂 石

**伏羲** 东汉 江苏徐州 石　　**伏羲** 东汉 四川泸州 石　　**伏羲** 东汉 山东邹城 石

中国汉画大图典

神祇

伏羲女娲

捧日月像

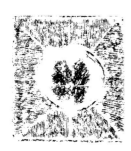

**女娲** 东汉 河南永城 石

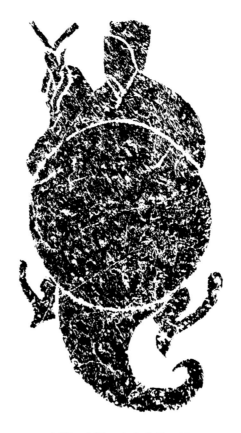
**女娲** 东汉 山东费县 石

**女娲** 东汉 江苏徐州 石

**女娲** 东汉 河南南阳 石

**女娲** 东汉 河南南阳 石

**女娲** 东汉 河南南阳 石

208

女娲 东汉
河南永城 石

女娲 东汉
河南永城 石

女娲 东汉
山东邹城 石

女娲 东汉
山东兰陵 石

女娲 东汉
山东微山 石

女娲 东汉
山东邹城 石

女娲 东汉
四川新津 砖

仙人神祇

神祇 伏羲女娲 捧日月像

## 神祇 伏羲女娲 捧日月像

捧日　东汉　安徽萧县　石

捧日　东汉　山东兰陵　石

捧日　东汉　河南永城　石

捧日　东汉　河南南阳　石

捧月　东汉　重庆忠县邓家沱　石

**伏羲** 东汉 河南南阳 石　　**伏羲** 东汉 河南南阳 石　　**伏羲** 东汉 河南南阳 石

**伏羲** 东汉 河南南阳 石　　**伏羲** 东汉 河南南阳 石　　**伏羲** 东汉 河南南阳 石

仙人神祇

神祇 伏羲女娲 左向持物像

**神祇**

**伏羲女娲** 左向持物像

伏羲　东汉　河南南阳　石

伏羲　东汉　河南南阳　石

伏羲　东汉　河南南阳　石

伏羲　东汉　河南南阳　石

伏羲　东汉　河南南阳　石

伏羲　东汉　河南南阳　石

**伏羲** 东汉 河南南阳 石

**伏羲** 东汉 河南南阳 石

**伏羲** 东汉 河南南阳 石

**伏羲** 东汉 河南南阳 石

**伏羲** 东汉 河南南阳 石

**伏羲** 东汉 河南南阳 石

仙人神祇

神祇 伏羲女娲 左向持物像

# 神祇

## 伏羲女娲 左向持物像

**伏羲** 东汉 河南南阳 石

**伏羲** 东汉 河南南阳 石

**伏羲** 东汉 河南南阳 石

**伏羲** 东汉 河南南阳 石

**伏羲** 东汉 河南南阳 石

**伏羲** 东汉 河南南阳 石

伏羲　东汉　河南南阳　石　　　女娲　东汉　河南南阳　石　　　伏羲　东汉　河南南阳　石

伏羲　东汉　河南南阳　石　　　女娲　东汉　河南南阳　石　　　女娲　东汉　河南南阳　石

中国汉画大图典

神祇

伏羲女娲 左向持物像

女娲　东汉　河南南阳　石

女娲　东汉　河南南阳　石

女娲　东汉　河南南阳　石

女娲　东汉　河南南阳　石

女娲　东汉　河南南阳　石

女娲　东汉　河南新野　砖

**伏羲** 东汉　河南南阳　石　　　　**伏羲** 东汉　河南南阳　石　　　　**伏羲** 东汉　河南南阳　石

**伏羲** 东汉　河南南阳　石　　　　**伏羲** 东汉　河南南阳　石　　　　**伏羲** 东汉　河南南阳　石

神祇　伏羲女娲　右向持物像

# 神祇

## 伏羲女娲 右向持物像

**伏羲** 东汉 河南南阳 石

**伏羲** 东汉 河南南阳 石

**伏羲** 东汉 河南南阳 石

**伏羲** 东汉 河南南阳 石

**伏羲** 东汉 河南南阳 石

**伏羲** 东汉 河南南阳 石

**伏羲** 东汉 河南南阳 石

**伏羲** 东汉 河南南阳 石

**伏羲** 东汉 河南南阳 石

**伏羲** 东汉 河南南阳 石

**伏羲** 东汉 河南南阳 石

**伏羲** 东汉 河南南阳 石

神祇 伏羲女娲 右向持物像

神祇

伏羲女娲

右向持物像

伏羲　东汉　河南南阳　石

伏羲　东汉　河南南阳　石

伏羲　东汉　河南南阳　石

伏羲　东汉　山东费县　石

女娲　东汉　河南南阳　石

女娲　东汉　河南南阳　石

女娲　东汉　河南南阳　石

女娲　东汉　河南南阳　石

女娲　东汉　河南南阳　石

神祇 **伏羲女娲** 右向持物像

女娲　东汉　河南南阳　石

女娲　东汉　河南南阳　石

女娲　东汉　河南南阳　石

**神祇 伏羲女娲** 右向持物像

女娲 东汉
河南南阳 石

女娲 东汉
河南南阳 石

女娲 东汉
河南南阳 石

女娲 东汉
河南南阳 石

女娲 东汉
河南南阳 石

女娲 东汉
河南南阳 石

女娲 东汉
河南南阳 石

女娲　东汉　河南南阳　石

女娲　东汉　河南南阳　石

女娲　东汉　河南南阳　石

女娲　东汉　河南南阳　石

女娲　东汉　河南南阳　石

女娲　东汉　陕西榆林　石

神祇　伏羲女娲　右向持物像

## 神祇 伏羲女娲 单身像

**伏羲** 东汉 安徽淮北 石

**伏羲** 东汉 安徽萧县 石

**伏羲** 东汉 安徽萧县 石

**伏羲** 东汉 安徽萧县 石

**伏羲** 东汉 河南南阳 石

**伏羲** 东汉 安徽萧县 石

伏羲　东汉　河南南阳　石　　　　　伏羲　东汉　河南南阳　石

伏羲　东汉　河南南阳　石　　　伏羲　东汉　河南南阳　石　　　伏羲　东汉　河南南阳　石

**神祇** 伏羲女娲 单身像

神祇 伏羲女娲 单身像

**伏羲** 东汉 河南南阳 石

**伏羲** 东汉 河南南阳 石

**伏羲** 东汉 河南唐河 石

**伏羲** 东汉 河南唐河 石

**伏羲** 东汉 河南唐河 石

**伏羲** 东汉 江苏徐州 石

**伏羲** 东汉 山东滕州 石

**伏羲** 东汉 山东滕州 石

**伏羲** 东汉 山东滕州 石

**伏羲** 东汉 陕西榆林 石

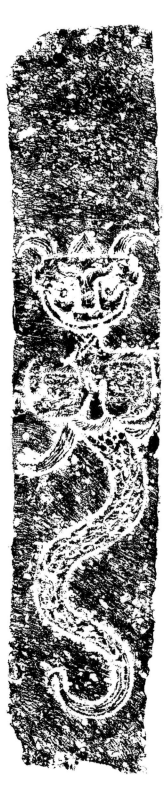
**女娲** 东汉 安徽濉溪古城 石

神祇 伏羲女娲 单身像

**神祇**

**伏羲女娲** 单身像

女娲　东汉　安徽萧县　石　　　女娲　东汉　安徽萧县　石　　　女娲　东汉　安徽萧县　石

女娲　东汉　安徽萧县　石　　　女娲　东汉　河南南阳　石　　　女娲　东汉　河南南阳　石

女娲　东汉　河南登封启母阙　石

女娲　东汉　河南南阳　石

女娲　东汉　江苏徐州　石

女娲　东汉　山东临沂　石

神祇　伏羲女娲　单身像

神祇

伏羲女娲

单身像

女娲　东汉　江苏徐州　石

女娲　东汉　山东兰陵　石

女娲　东汉　江苏徐州铜山　石

女娲　东汉　江苏徐州　石

女娲　东汉　江苏徐州　石

女娲　东汉　河南新野　砖

女娲　东汉　山东临沂　石

女娲　东汉　山东滕州　石

仙人神祇

神祇｜伏羲女娲　单身像

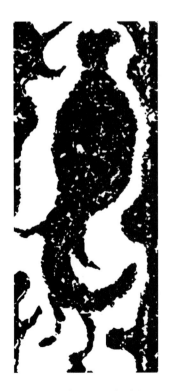
女娲　东汉　山东滕州　石

女娲　东汉　山东滕州　石

女娲　东汉　陕西榆林　石

231

神祇

风雷雨电神

电母　东汉　山东嘉祥武氏祠　石

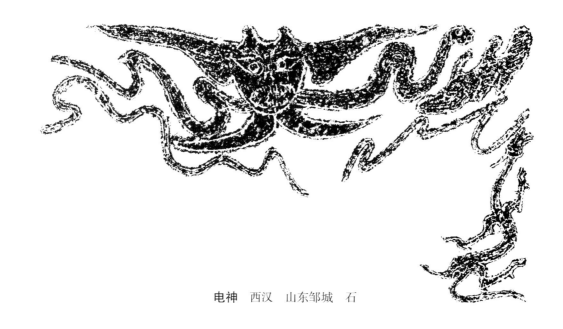

电神　西汉　山东邹城　石

风伯　东汉　江苏徐州铜山苗山　石

风伯　东汉　山东嘉祥武氏祠　石

风伯　东汉　江苏徐州铜山洪楼　石　　　　　风伯　东汉　江苏徐州铜山洪楼　石

风伯吹屋　东汉　山东汶上先农坛　石

风伯吹屋　东汉　山东长清孝堂山　石

中国汉画大图典

神祇 风雷雨电神

风伯　东汉　山东沂南北寨　石

风伯雨师　西汉　山东邹城卧虎山　石

风伯　东汉　陕西神木　石

雷神出行　东汉　河南南阳　石

雷神出行　东汉　河南南阳　石

雷神出行　东汉　河南南阳英庄　石

神祇 风雷雨电神

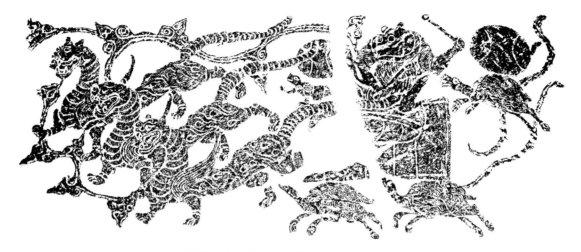

雷神出行　东汉　江苏徐州铜山洪楼　石

雷神出行　东汉　山东安丘　石

雷神出行　东汉　江苏徐州铜山洪楼　石

雷神出行　东汉　山东嘉祥武氏祠　石

雷神出行　东汉　陕西绥德　石

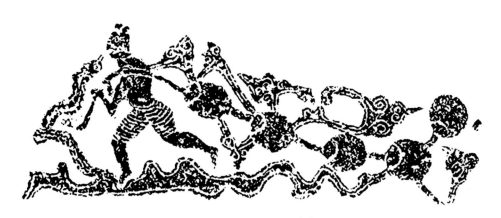

雷神　东汉　江苏徐州铜山洪楼　石

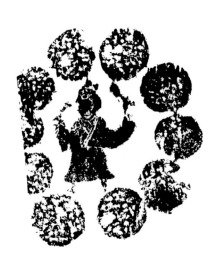

雷神　东汉　山东邹城　石

雷神　西汉　山东邹城　石

## 神祇 风雷雨电神

雷神　东汉　陕西神木　石

雨师　东汉　江苏徐州铜山洪楼　石

雨师　东汉　山东邹城　石

雨师　东汉　江苏徐州铜山洪楼　石

雨师　东汉　江苏徐州铜山洪楼　石

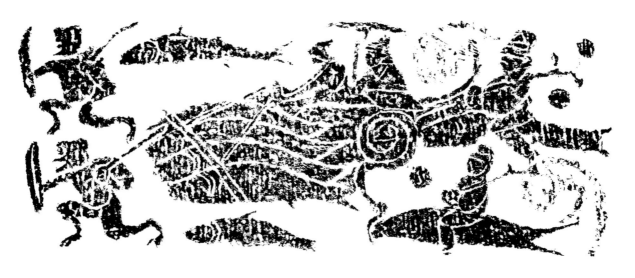

河伯出行　东汉　河南南阳王庄　石

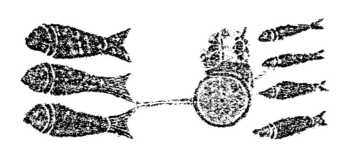

河伯出行　东汉　河南唐河　石

河伯出行　东汉　江苏徐州　石

河伯出行　东汉　山东邹城　石

神祇 神祇出行

河伯出行　东汉　山东邹城　石

河伯出行　东汉　山东邹城北龙河　石

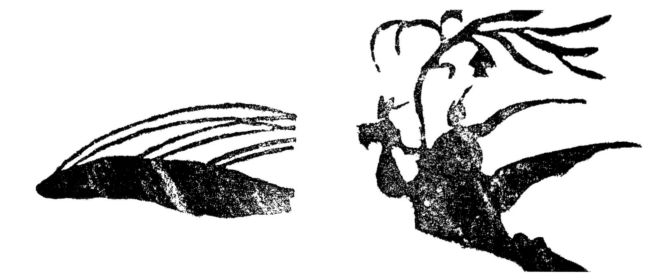

河伯出行　东汉　陕西绥德　石

河伯出行　东汉熹平三年（174年）　安徽灵璧　石

虎车出行　东汉　河南南阳　石

虎车出行　东汉　陕西榆林　石

龙车出行　东汉　山东费县刘家疃　石

龙车出行　东汉　山东滕州　石

龙车乐驾　东汉　山东安丘董家庄　石

龙车出行　东汉　山东滕州　石　　　　　　神人出行　东汉　江苏徐州　石

**龙车巡天** 东汉 四川彭州义和 砖

**神人** 东汉 山东滕州 石

**神人出行** 东汉 河南南阳 石

鸟车出行　东汉　陕西榆林　石　　　　　　　　鸟车出行　东汉　陕西绥德　石

仙鹿车出行　东汉　江苏徐州　石　　　　　　　仙鹿车出行　东汉　江苏徐州　石

兔车出行　东汉　陕西绥德　石

仙鹿车出行　东汉　山西省艺术博物馆　石

仙鹿车巡天　东汉　河南南阳　石

仙人出行　东汉　山东嘉祥武氏祠　石

鱼车出行　东汉　江苏邳州占城　石

**神祇**

**神祇出行**

鱼车出行　东汉　山东邹城　石

鱼车出行　东汉　山东滕州　石

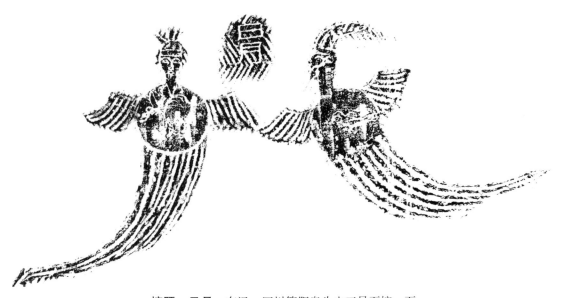

榜题 日月 东汉 四川简阳鬼头山三号石棺 石

捧日神人 东汉 陕西榆林 石　　捧月神人 东汉 陕西榆林 石

神祇

日月星象

日月

日月神

日神 东汉　　　　　　日神 东汉　　　　　　日神 东汉
河南登封少室阙 石　　河南登封少室阙 石　　河南登封少室阙 石

神祇

日月星象　日月　日月神

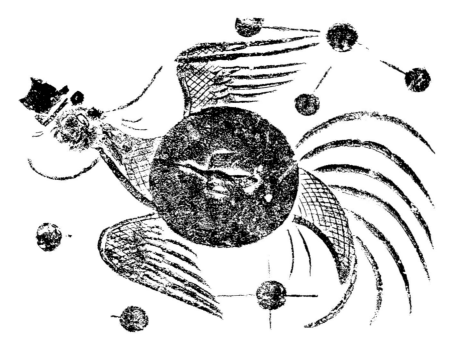

日神　东汉　四川邛崃花牌坊　砖

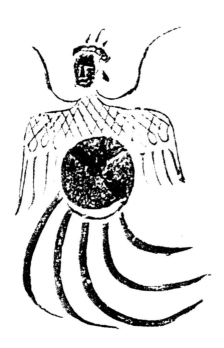

日神　东汉　四川成都　砖

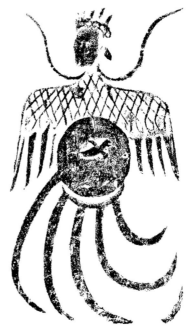

日神　东汉　四川新都新繁　砖

日神　东汉　四川彭州太平　砖

日神　东汉　四川彭州义和　砖

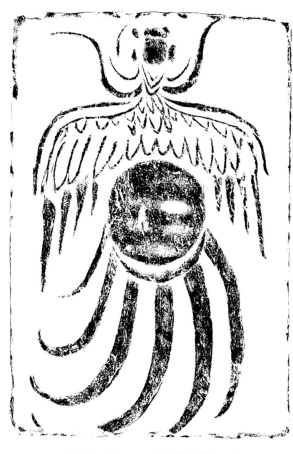

**月神** 东汉 四川新都新繁 砖

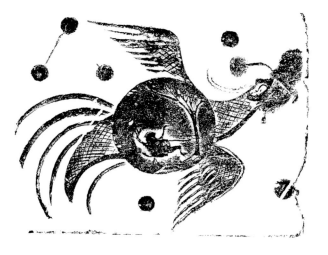

**月神** 东汉 四川邛崃花牌坊 砖

**月神** 东汉 四川新都 砖

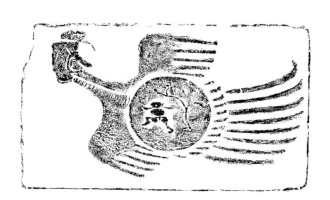

**月神** 东汉 四川彭州太平 砖

**月神** 东汉 四川彭州义和 砖

## 神祇

### 日月星象

**日月**

日月神

中国汉画大图典

金乌蟾蜍　东汉　河南南阳　石

日月同辉　东汉　河南南阳　石

神祇

日月星象

日月　日月同辉

日月同辉　东汉　河南南阳　石

日月同辉　东汉　河南南阳　石

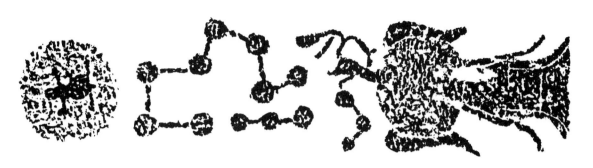

日月同辉　东汉　河南南阳　石

日月同辉　东汉　河南南阳　石

日月同辉　东汉　河南南阳　石

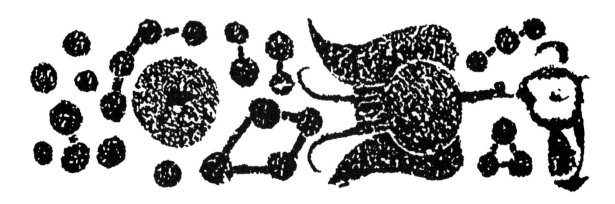

日月同辉　东汉　河南南阳　石

日月同辉　东汉　河南南阳　石

日月同辉　东汉　河南南阳　石

日月同辉　东汉　山东滕州　石

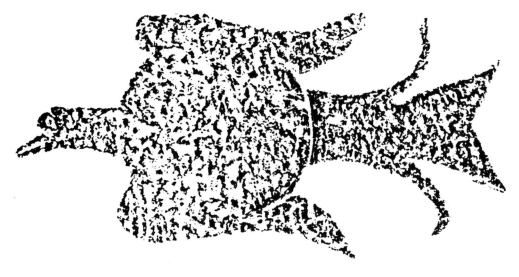

金乌　东汉　河南南阳　石

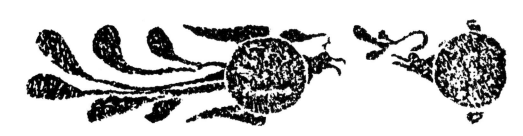

金乌　东汉　河南南阳　石

金乌　东汉　河南南阳　石

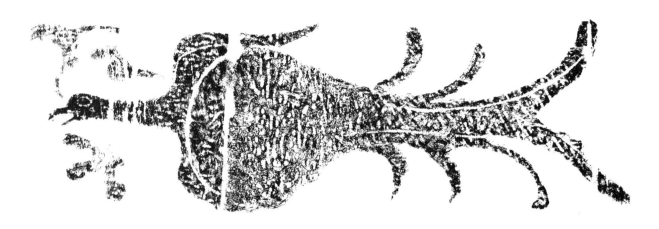

金乌　东汉　河南南阳　石

神祇

日月星象

日象

金乌　东汉　河南郑州　砖

金乌　东汉　陕西绥德　石

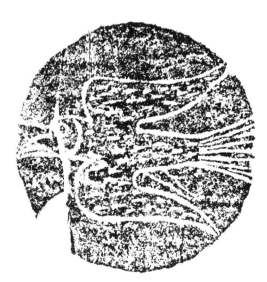

金乌　东汉　陕西绥德　石

金乌　东汉　陕西榆林　石

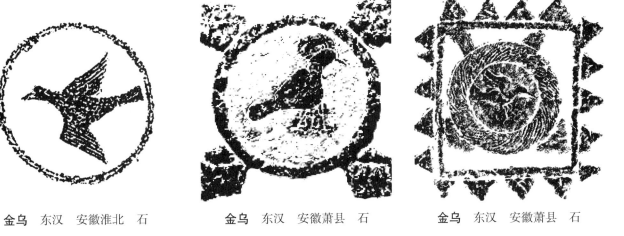

金乌　东汉　安徽淮北　石　　金乌　东汉　安徽萧县　石　　金乌　东汉　安徽萧县　石

金乌　东汉　河南南阳　石　　金乌　东汉　河南南阳　石　　金乌　东汉　河南南阳　石

金乌　东汉　江苏徐州铜山洪楼　石　　金乌　东汉　山东长清孝堂山　石　　金乌　东汉　山东长清孝堂山　石

仙人神祇

神祇　日月星象　日象

255

金乌　东汉　陕西榆林　石　　　　金乌　东汉　陕西榆林　石　　　　金乌　东汉　陕西榆林　石

**神祇**

**日月星象**

日象

金乌　东汉　陕西榆林　石　　　　金乌　东汉　陕西榆林　石　　　　金乌　东汉　陕西榆林　石

金乌　东汉　陕西榆林　石　　　　　　　金乌　东汉　河南南阳　石

金乌　东汉　河南南阳　石

金乌　东汉　河南南阳　石

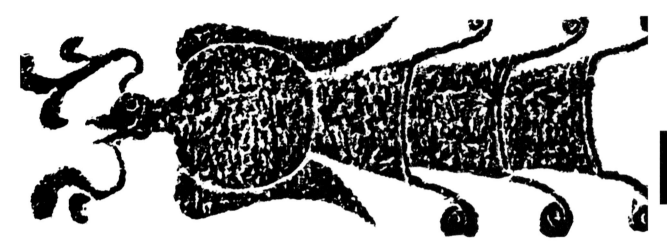
金乌　东汉　河南南阳　石

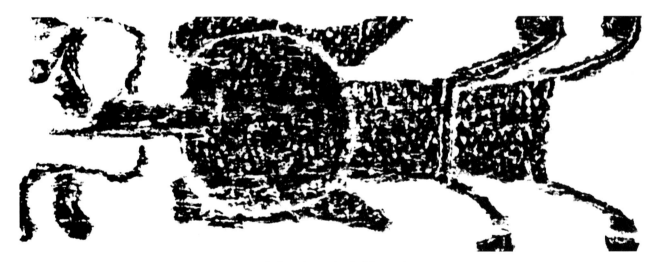
金乌　东汉　河南南阳　石

金乌　东汉　河南南阳　石

金乌　东汉　河南南阳　石

**神祇** 日月星象 日象

金乌　东汉　河南南阳　石

金乌　东汉　河南南阳　石

金乌　东汉　河南南阳　石

金乌　东汉　河南南阳　石

金乌　东汉　河南南阳　石

金乌　东汉　河南南阳　石

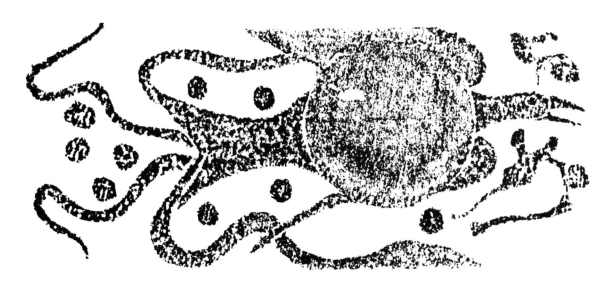

金乌　东汉　河南南阳　石

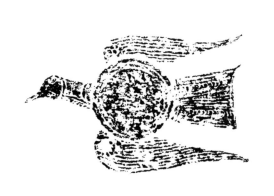

金乌　东汉　江苏徐州　石

金乌　东汉　山东　石

金乌　东汉　四川渠县　砖

中国汉画大图典

神祇 日月星象 月象

蟾蜍月宫　东汉　安徽萧县　石

蟾蜍月宫　东汉　河南南阳　石

蟾蜍月宫　东汉　河南南阳　石

蟾蜍月宫　东汉　河南南阳　石

蟾蜍月宫　东汉　河南南阳　石

蟾蜍月宫　东汉　陕西榆林　石

蟾蜍月宫　东汉　河南南阳　石

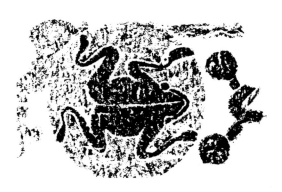
蟾蜍月宫　东汉　河南南阳　石

蟾蜍月宫　东汉　河南南阳　石

蟾蜍月宫　东汉　陕西榆林　石

蟾蜍月宫　东汉　陕西榆林　石

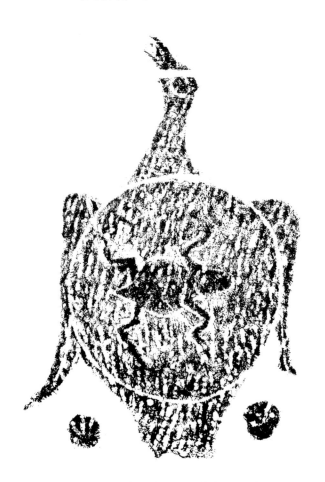
蟾蜍月宫　东汉　河南南阳　石

蟾蜍月宫　东汉　陕西榆林　石

神祇　日月星象　月象

**玉兔蟾蜍月宫** 东汉 安徽淮北 石

**玉兔蟾蜍月宫** 东汉 山东长清孝堂山 石

**玉兔蟾蜍月宫** 东汉 安徽萧县 石

**玉兔蟾蜍月宫** 东汉 安徽萧县 石

**玉兔蟾蜍月宫** 东汉 河南南阳 石

**玉兔蟾蜍月宫** 东汉 江苏徐州 石

玉兔蟾蜍月宫　东汉　江苏徐州　石　　　　　玉兔蟾蜍月宫　东汉　陕西榆林　石

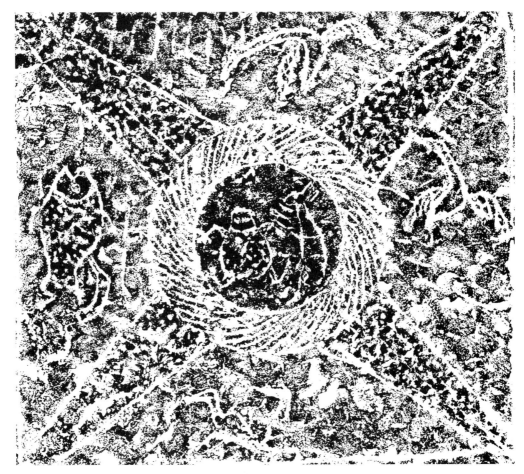

玉兔蟾蜍月宫　东汉　山东　石

东天区星象　东汉　河南南阳　石　　　　　　东天区星象　东汉　河南南阳　石

东天区星象　东汉　河南南阳　石　　　　　　西天区星象　东汉　河南南阳　石

西天区星象　东汉　河南南阳　石

昴宿女宿　东汉　河南南阳　石

女宿　东汉　河南南阳　石

昴宿　东汉　河南南阳　石

昴宿　东汉　河南南阳　石

牛宿　东汉　河南南阳　石

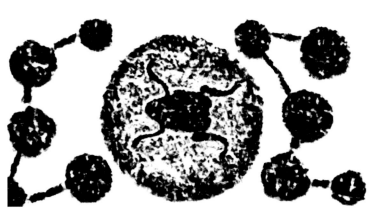
星象　东汉　河南南阳　石

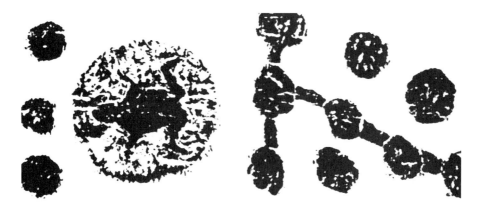

星象　东汉　河南南阳　石

星象　东汉　河南唐河　石

星象　东汉　河南南阳　石

星象　东汉　河南南阳　石

星象　东汉　河南南阳　石

星象　东汉　河南南阳　石

星象　东汉　河南南阳　石　　　星象　东汉　河南南阳　石　　　星象　东汉　河南南阳　石

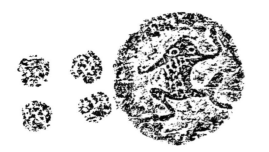 

星象　东汉　河南南阳　石　　　　　　星象　东汉　河南南阳　石

**贯胸国人** 东汉 山东长清孝堂山 石

**贯胸国人** 东汉 山东长清孝堂山 石

**神人** 东汉 河南登封太室阙 石

**神人** 东汉 河南登封启母阙 石

**神人** 东汉 河南密县 砖

**神人** 东汉 河南密县 砖

仙人神祇

神人　东汉　河南密县　砖

神人　东汉　河南南阳　石

神祇 神人

神人　东汉　河南南阳　石

神人　东汉　河南南阳　石

神人　东汉　河南南阳　石

神人　东汉　江苏徐州　石

中国汉画大图典

神祇
神人

神人　东汉　河南南阳　石

神人　东汉　河南南阳　石

神人　东汉　河南南阳　石

神人　东汉　河南南阳　石

神人　东汉　河南南阳　砖

**神人** 东汉 江苏徐州 石

**神人** 东汉 河南郑州 砖

**神人** 东汉 江苏徐州 石

**神人** 东汉 山东临沂 石

**神人** 东汉 山东济宁 石

**神人** 东汉 山东费县 石

**神祇**

**神人**

神人　东汉　山东　石

神人　东汉　山东费县　石

神人　东汉　山东临沂　石

神人　东汉　山东　石

神人　东汉　山东嘉祥　石

神人　东汉　山东嘉祥　石

**神人** 东汉 河南南阳 石　　**神人** 东汉 山东临沂 石　　**神人** 东汉 山东微山 石

**神人** 东汉 山东临沂 石　　　　　　　**神人** 东汉 山东滕州 石

**神人** 东汉 山东平阴 石　　**神人** 东汉 山东滕州 石　　**神人** 东汉 山东滕州 石

## 神祇 神人

神人　东汉　山东微山　石

神人　东汉　山东微山　石

神人　东汉　山东沂南　石

神人　东汉　山东沂南　石

神人　东汉　山东邹城　石

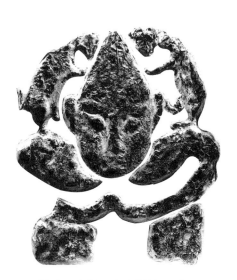
神人　东汉　山东邹城　石

神人　东汉　山东邹城　石

执刀神人　东汉　河南南阳　石

执刀神人　东汉　河南南阳　石

执刀神人　东汉　四川乐山　石

执蛇神人　东汉　河南新野　砖

执钺神人　东汉　河南方城　石

执钺神人　东汉　河南方城　石

执钺神人　东汉　河南方城　石

执钺神人　东汉　河南方城　石

## 神祇 神人

执钺神人　东汉　河南方城　砖

执钺神人　东汉　河南密县　石

执钺神人　东汉　河南南阳　石

执钺神人　东汉　河南南阳　石

执钺神人　东汉　河南南阳　石

执钺神人　东汉　河南南阳　石

执钺神人　东汉　河南南阳　石

执钺神人　东汉　河南南阳　石

**执钺神人**　东汉　河南南阳　石　　　**执钺神人**　东汉　河南南阳　石　　　**执钺神人**　东汉　河南南阳　石

**执钺神人**　东汉　河南南阳　石　　　**执钺神人**　东汉　河南南阳　石

**执钺神人**　东汉　河南南阳　石　　　**执钺神人**　东汉　河南南阳　石　　　**执钺神人**　东汉　河南南阳　石

中国汉画大图典

神祇 神人

**执钺神人** 东汉 河南南阳 石

**执钺神人** 东汉 河南南阳 石

**执钺神人** 东汉 河南南阳 石

**执钺神人** 东汉 河南南阳 石

**执钺神人** 东汉 河南南阳 石

**执钺神人** 东汉 河南南阳 石

**执钺神人** 东汉 河南南阳 石

**执钺神人** 东汉 河南南阳 石

**执钺神人** 东汉 河南南阳 石

**执钺神人** 东汉 河南南阳 石　　**执钺神人** 东汉 河南南阳 石　　**执钺神人** 东汉 河南南阳 石

**执钺神人** 东汉 河南南阳 石　　**执钺神人** 东汉 河南南阳 石　　**执钺神人** 东汉 河南南阳 石

**执钺神人** 东汉 河南南阳石桥 石　　**执钺神人** 东汉 河南南阳石桥 石　　**执钺神人** 东汉 河南唐河 石

**神祇 神人**

**执钺神人** 东汉 河南新野 砖　　**执钺神人** 东汉 河南郑州 砖　　**执钺神人** 东汉 河南郑州 砖

**执钺神人** 东汉 陕西绥德 石　　**执钺神人** 东汉 山东济宁 石　　**执钺神人** 东汉 山东济宁 石

**执钺神人** 东汉 山东微山 石　　**执钺神人** 东汉 山东沂南北寨 石

神祇 神异 非人面神异

非人面神异　东汉　河南南阳　石

非人面神异　东汉　河南南阳　石

# 神祇

## 神异

### 非人面神异

**非人面神异** 东汉 河南南阳 石　　**非人面神异** 东汉 河南南阳 石　　**非人面神异** 东汉 河南南阳 石

**非人面神异** 东汉 河南南阳 石　　**非人面神异** 东汉 河南南阳 石

**非人面神异** 东汉 河南南阳 石　　　　**非人面神异** 东汉 河南博物院 石

非人面神异　东汉　河南南阳　石

**神祇　神异　非人面神异**

  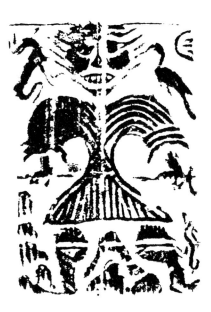

非人面神异　东汉　河南偃师　砖　　　非人面神异　东汉　河南郑州　砖　　　非人面神异　东汉　河南郑州　砖

非人面神异　东汉　河南南阳　石

**非人面神异** 东汉 山东沂南 石

**非人面神异** 东汉 山东沂南 石

神祇 神异 非人面神异

非人面神异　东汉　山东沂南　石

非人面神异　东汉　山东沂南　石

**非人面神异** 东汉 山东沂南 石

**非人面神异** 东汉 山东沂南 石

非人面神异　东汉　山东沂南　石

非人面神异　东汉　山东沂南　石

非人面神异　东汉　山东沂南　石

非人面神异　东汉　山东沂南　石

非人面神异　东汉　山东沂南　石

非人面神异　东汉　山东沂南　石

**非人面神异** 东汉 山东沂南 石

**非人面神异** 东汉 山东沂南 石

非人面神异　东汉　山东沂南　石

**神祇　神异　非人面神异**

非人面神异　东汉　山东沂南　石

非人面神异　西汉　河南南阳赵寨　石

**非人面神异** 东汉 山东沂南 石

**非人面神异** 东汉 山东邹城 石

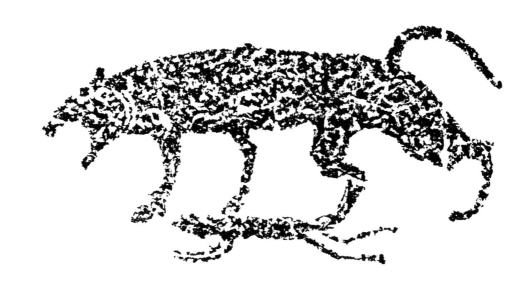

**虎吃旱魃**　东汉　河南登封太室阙　石

**虎吃旱魃**　西汉　河南唐河针织厂　石

**虎吃旱魃**　西汉　河南唐河针织厂　石

**虎吃旱魃**　西汉　河南唐河针织厂　石

人面神兽　东汉　安徽萧县　石

# 神祇

## 神异

### 人首神异兽

**人面神兽** 东汉 河南南阳 石

**人面神兽** 东汉 河南南阳 石

**人面神兽** 东汉 河南唐河 石

**人面神兽** 东汉 江苏徐州 石

**人面神兽** 东汉 江苏徐州 石

**人面神兽** 东汉　江苏徐州　石　　　　　　　　**人面神兽** 东汉　山东济宁　石

**人面神兽** 东汉　山东费县　石　　　　　　　　**人面神兽** 东汉　江苏徐州　石

**人面神兽** 东汉　山东临沂　石　　　　　　　　**人面神兽** 东汉　山东临沂　石

中国汉画大图典

神祇 神异 人首神异兽

人面神兽　东汉　山东　石

人面神兽　东汉　山东滕州　石

人面神兽　东汉　山东微山　石

人面神兽　东汉　山东沂南　石

双头人面兽　东汉　江苏徐州　石

双头人面兽　东汉　江苏徐州　石

双头人面兽　东汉　山东嘉祥　石

双头人面兽　东汉　山东长清郭巨祠　石

  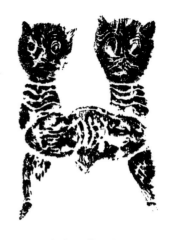

**双头人面兽** 东汉　　　　**双头人面兽** 东汉　　　　**双头人面兽** 东汉
　山东济宁　石　　　　　　　山东济宁　石　　　　　　　山东济宁　石

**双头人面兽** 东汉　山东嘉祥武氏祠　石　　　　**双头人面兽** 东汉　山东嘉祥武氏祠　石

**双头人面兽** 东汉　山东　石　　　　**双头人面兽** 东汉　山东滕州　石

中国汉画大图典

三头人面兽　东汉　河南南阳　石

三头人面兽　东汉　江苏徐州　石

神祇　神异　人首神异兽

三头人面兽　东汉　山东济宁　石

三头人面兽　东汉　山东济宁　石

六头人面兽　东汉　山东济宁　石

四头人面兽　东汉　河南唐河　石

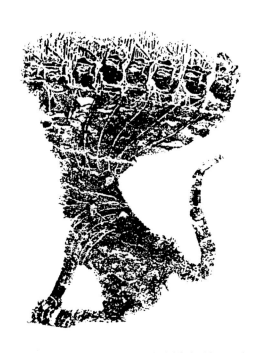
**九头人面兽** 东汉 山东嘉祥武氏祠 石

**九头人面兽** 东汉 山东嘉祥武氏祠 石

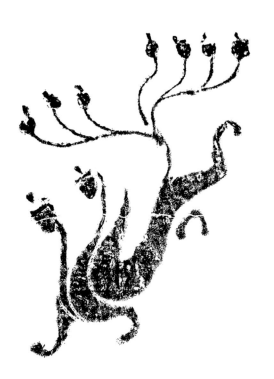
**九头人面兽** 东汉 河南南阳 石

**九头人面兽** 东汉 山东济宁 石

中国汉画大图典

神祇 神异 人首神异兽

九头人面兽　东汉　江苏徐州拉犁山汉墓　石

九头人面兽　东汉　江苏徐州　石

九头人面兽　东汉　江苏徐州　石

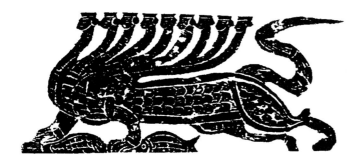

九头人面兽　东汉　山东滕州　石

九头人面兽　东汉　山东滕州　石

仙人神祇

神祇 | 神异 | 人首神异兽

九头人面兽　东汉　江苏徐州　石

九头人面兽　东汉　山东济宁　石

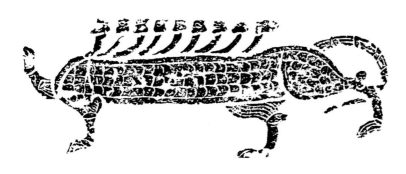

九头人面兽　东汉　山东滕州　石

九头人面兽　东汉　山东临沂　石

中国汉画大图典

神祇 神异 人首神异兽

九头人面兽　东汉　山东邹城　石

九头人面兽　东汉　陕西榆林　石

九头人面兽　东汉　江苏徐州　石

九头人面兽　东汉　陕西绥德　石

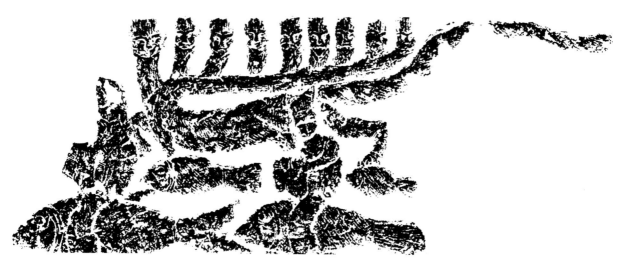
九头人面兽　东汉　山东邹城　石

**三头神异鸟** 东汉 山东嘉祥武氏祠 石

**鸟身扁鹊针灸** 东汉 山东微山 石

**鸟身扁鹊针灸** 东汉 山东微山 石

**九头神异鸟** 东汉 陕西榆林 石

## 神祇 神异 异身神人神异

蛙形神异　东汉　河南南阳麒麟岗　石

螺身神人　东汉　河南南阳　石

鸟身神人　东汉　山东济宁　石

**鸟身神人** 东汉 江苏徐州 石

**鸟身神人** 东汉 山东嘉祥 石

**鸟身神人** 东汉 山东嘉祥武氏祠 石

中国汉画大图典

**神祇** / 神异 / 异身神人神异

鸟身神人　东汉　山东莒县　石

鸟身神人　东汉　山东临沂　石

鸟身神人　东汉　山东临沂　石

鸟身神人　东汉　山东微山　石

鸟身神人　东汉　山东沂南　石

鸟身神人　东汉　山东　石　　　　　　鸟身神人　东汉　山东滕州　石

**神祇** | 神异

异身神人神异

鸟身神人　东汉　山东沂南　石

鸟身神人　东汉　山东沂南　石　　　　鸟身神人　东汉　山东沂南　石

神祇 神异 异身神人神异

蛇身神人　东汉　山东济宁　石

鱼身神人　东汉　山东邹城　石

鱼身神人　东汉　江苏徐州　石

鱼身神人　东汉　江苏徐州　石

云身双首人　东汉　山东嘉祥武氏祠　石

云身双首人　东汉　山东嘉祥武氏祠　石

云中神异　东汉　山东嘉祥武氏祠　石

**神祇**

**神异**

异身神人神异

云中神异　东汉　山东嘉祥武氏祠　石

# 铺首

铺首　东汉　安徽淮北　石

铺首　东汉　安徽淮北　石

铺首　东汉　安徽淮北　石

铺首　东汉　安徽淮北　石

铺首　东汉　安徽淮北　石

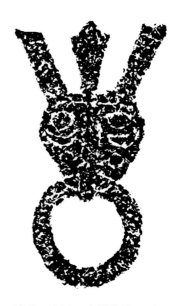
铺首　东汉　安徽淮北　石

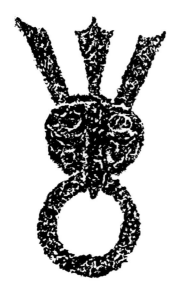
铺首　东汉　安徽淮北　石

铺首　东汉　安徽淮北　石

铺首　东汉　安徽萧县　石

中国汉画大图典

铺首　东汉　安徽萧县　石

铺首　东汉　安徽萧县　石

铺首　东汉　安徽萧县　石

铺首

铺首　东汉　安徽萧县　石

铺首　东汉　安徽萧县　石

铺首　东汉　安徽萧县　石

铺首　东汉　安徽萧县　石

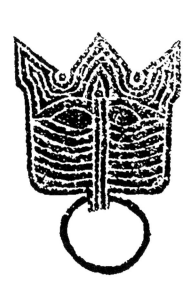
铺首　东汉　河北保定　石

铺首　东汉　河北保定　石

铺首　东汉　河南　石

铺首　东汉　河南　石

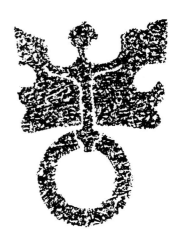
铺首　东汉　河南　砖

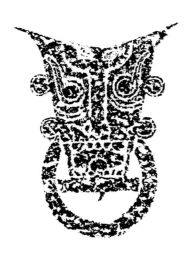
铺首　东汉　河南登封太室阙　砖

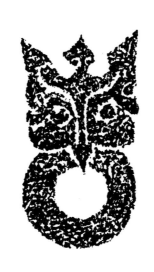
铺首　东汉　河南邓县　石

铺首　东汉　河南邓县　石

铺首　东汉　河南方城　石

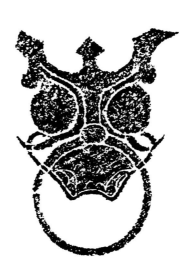
铺首　东汉　河南方城　石

铺首　东汉　河南方城　石

**铺首**

**铺首** 东汉 河南方城 石

**铺首** 东汉 河南方城 石

**铺首** 东汉 河南方城 石

**铺首** 东汉 河南方城 石

**铺首** 东汉 河南方城 石

**铺首** 东汉 河南方城 石

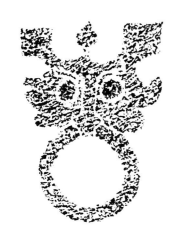
**铺首** 东汉 河南方城 石

**铺首** 东汉 河南方城 石

**铺首** 东汉 河南洛阳 砖

仙人神祇

铺首　东汉　河南泌阳　砖

铺首　东汉　河南泌阳　砖

铺首　东汉　河南密县　砖

铺首

铺首　东汉　河南密县　砖

铺首　东汉　河南密县　砖

铺首　东汉　河南密县　砖

铺首　东汉　河南密县　砖

铺首　东汉　河南密县　砖

铺首　东汉　河南密县　砖

铺首　东汉　河南密县　砖

铺首　东汉　河南密县　砖

铺首　东汉　河南密县　砖

**铺首**

铺首　东汉　河南密县　砖

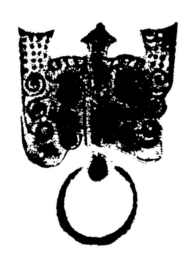
铺首　东汉　河南密县　砖

铺首　东汉　河南密县　砖

铺首　东汉　河南密县　砖

铺首　东汉　河南密县　砖

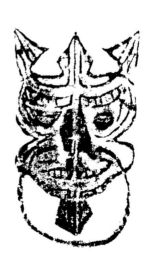
铺首　东汉　河南密县　砖

**铺首** 东汉 河南密县 石

**铺首** 东汉 河南南阳 石

**铺首** 东汉 河南南阳 石

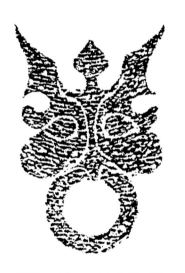
**铺首** 东汉 河南南阳 石

**铺首** 东汉 河南南阳 石

**铺首** 东汉 河南南阳 石

**铺首** 东汉 河南南阳 石

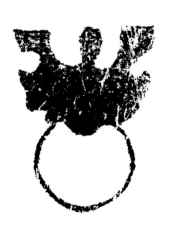
**铺首** 东汉 河南南阳 石

**铺首** 东汉 河南南阳 石

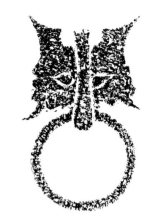
铺首　东汉　河南南阳　石

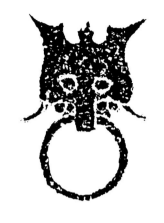
铺首　东汉　河南南阳　石

铺首　东汉　河南南阳　石

铺首　东汉　河南唐河　石

铺首　东汉　河南唐河　石

铺首　东汉　河南唐河　石

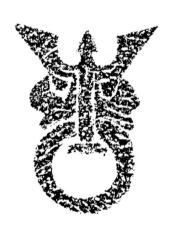
铺首　东汉　河南唐河　石

铺首　东汉　河南唐河　石

铺首　东汉　河南唐河　石

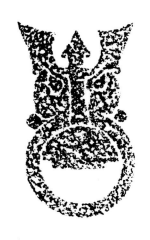
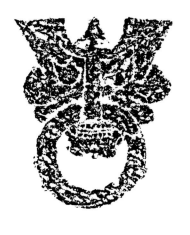

**铺首** 东汉 河南唐河 石　　　　**铺首** 东汉 河南唐河 石　　　　**铺首** 东汉 河南唐河 石

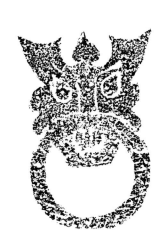

**铺首** 东汉 河南唐河 石　　　　**铺首** 东汉 河南唐河 石　　　　**铺首** 东汉 河南唐河 石

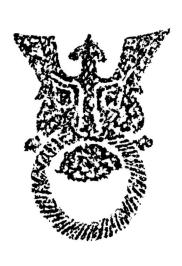
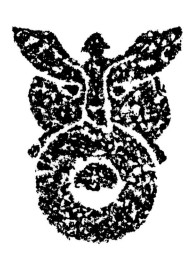

**铺首** 东汉 河南唐河 石　　　　**铺首** 东汉 河南唐河 石　　　　**铺首** 东汉 河南唐河 石

铺首　东汉　河南唐河　石

铺首　东汉　河南唐河　石

铺首　东汉　河南唐河　石

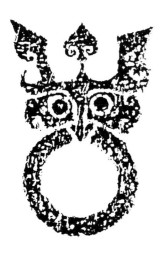
铺首　东汉　河南唐河　石

铺首　东汉　河南唐河　石

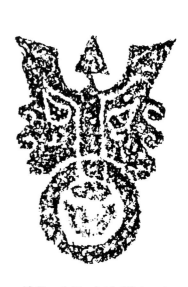
铺首　东汉　河南唐河　石

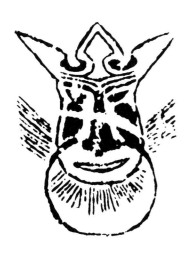
铺首　东汉　河南唐河　砖

铺首　东汉　河南淅川　砖

铺首　东汉　河南新野　砖

仙人神祇

铺首　东汉　河南郑州　砖　　　　铺首　东汉　河南郑州　砖　　　　铺首　东汉　河南郑州　砖

  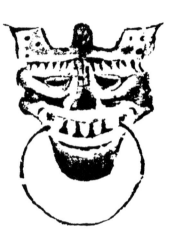

铺首

铺首　东汉　河南郑州　砖　　　　铺首　东汉　河南郑州　砖　　　　铺首　东汉　河南郑州　砖

  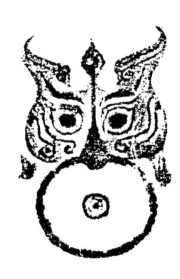

铺首　东汉　河南郑州　砖　　　　铺首　东汉　河南郑州　砖　　　　铺首　东汉　河南郑州　砖

铺首　东汉　河南郑州　砖

铺首　东汉　河南郑州　砖

铺首　东汉　江苏沛县　石

铺首　东汉　江苏沛县　石

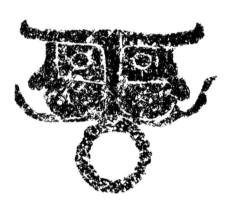
铺首　东汉　江苏徐州　石

铺首　东汉　江苏徐州　石

铺首　东汉　江苏徐州　石

铺首　东汉　江苏徐州　石

铺首　东汉　江苏徐州　石

仙人神祇

**铺首** 东汉 江苏徐州 石　　**铺首** 东汉 江苏徐州 石　　**铺首** 东汉 江苏徐州 石

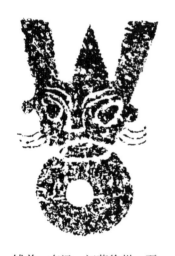  

**铺首** 东汉 江苏徐州 石　　**铺首** 东汉 江苏徐州 石　　**铺首** 东汉 江苏徐州 石

 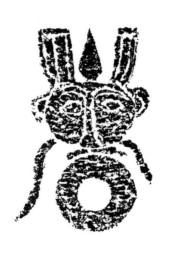 

**铺首** 东汉 江苏徐州 石　　**铺首** 东汉 江苏徐州 石　　**铺首** 东汉 江苏徐州 石

铺首

铺首

铺首　东汉　江苏徐州　石

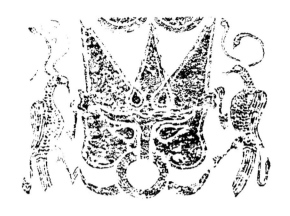

铺首　东汉　江苏徐州　石

铺首　东汉　山东费县　石

铺首　东汉　山东济宁　石

铺首　东汉　山东嘉祥　石

铺首　东汉　山东临沂　石

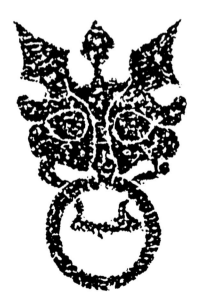

铺首　东汉　山东微山　石

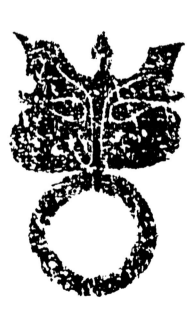

铺首　东汉　山东微山　石

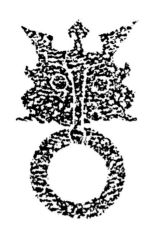

**铺首** 东汉 山东微山 石

**铺首** 东汉 山东微山 石

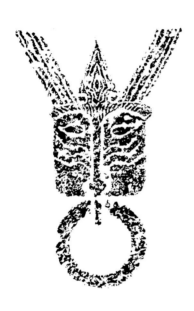

**铺首** 东汉 山东枣庄 石

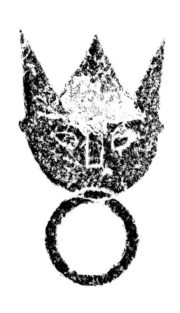

**铺首** 东汉 山东邹城 石

**铺首** 东汉 山东邹城 石

**铺首** 东汉 山东邹城 石

铺首

铺首　东汉　山东邹城　石

铺首　东汉　山东邹城　石

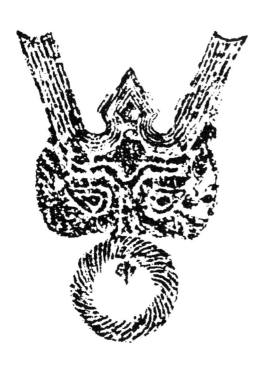

铺首　东汉　山东邹城　石

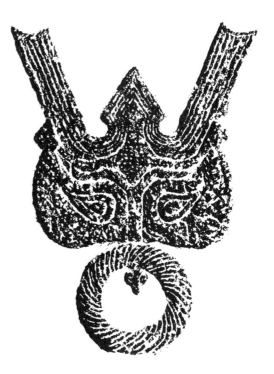

铺首　东汉　山东邹城　石

仙人神祇

铺首

**铺首** 东汉 陕西米脂 石

**铺首** 东汉 陕西米脂 石

**铺首** 东汉 陕西米脂 砖

**铺首** 东汉 陕西米脂 砖

铺首

铺首　东汉　陕西米脂　石

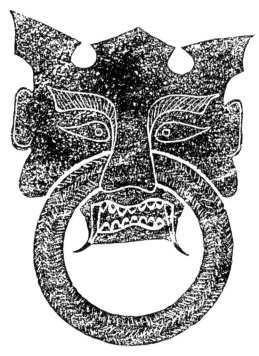
铺首　东汉　陕西绥德　砖

铺首　东汉　陕西绥德　砖

铺首　东汉　陕西绥德　砖

铺首　东汉　陕西绥德　石

铺首　东汉　陕西绥德　砖

铺首　东汉　陕西绥德　石

铺首　东汉　陕西绥德　石

铺首　东汉　陕西绥德　石　　　铺首　东汉　陕西绥德　石　　　铺首　东汉　陕西绥德　石

铺首　东汉　陕西榆林　石　　　　　　铺首　东汉　陕西榆林　石

铺首　东汉　陕西榆林　石　　　　　　铺首　东汉　陕西榆林　石

## 铺首

**铺首** 东汉 陕西榆林 石

**铺首** 东汉 四川乐山 石

**铺首** 东汉 四川郫县 石

**铺首** 东汉 四川郫县 石

**铺首** 西汉 山东邹城 石

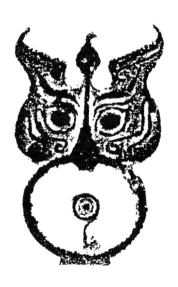

**铺首** 东汉 河南南阳 砖

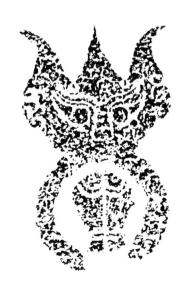

**铺首** 东汉 山东安丘 石

**铺首** 东汉 山东梁山 石

仙人神祇

铺首　东汉　山东梁山　石

铺首　东汉　山东临沂　石

铺首　东汉　山东临沂　石

铺首

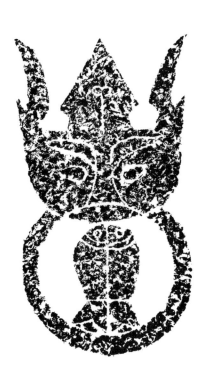
铺首　东汉　山东临沂　石

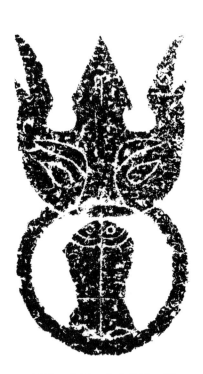
铺首　东汉　山东临沂　石

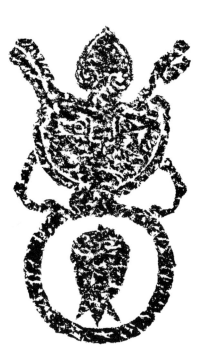
铺首　东汉　山东临沂　石

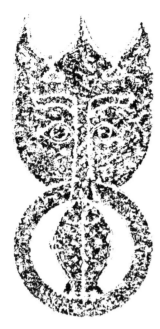 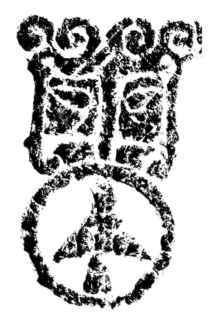 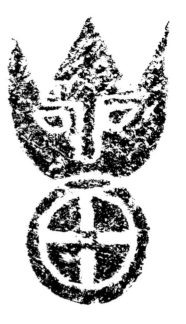

铺首　东汉　山东微山　石　　　铺首　东汉　山东邹城　石　　　铺首　东汉　山东邹城　石

铺首　东汉　山东邹城　石　　　铺首　东汉　安徽淮北　石

铺首　东汉　山东邹城　石

仙人神祇

铺首　东汉　安徽淮北　石

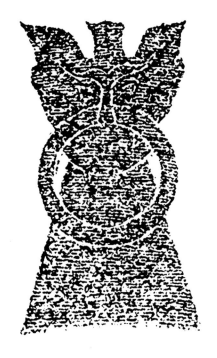
铺首　东汉　安徽淮北　石

铺首　东汉　安徽淮北　石

铺首

铺首　东汉　安徽淮北　石

铺首　东汉　安徽淮北　石

铺首　东汉　安徽淮北　石

铺首

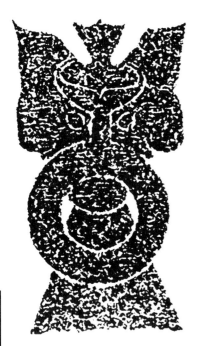
**铺首** 东汉 安徽淮北 石

**铺首** 东汉 安徽淮北 石

**铺首** 东汉 安徽淮北 石

**铺首** 东汉 安徽淮北 石

**铺首** 东汉 安徽淮北 石

**铺首** 东汉 安徽淮北 石

仙人神祇

铺首

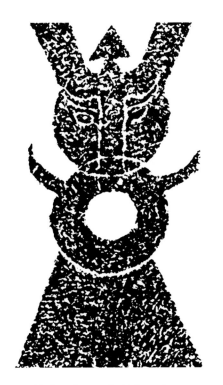
**铺首** 东汉 安徽淮北 石

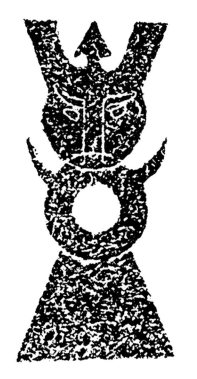
**铺首** 东汉 安徽淮北 石

**铺首** 东汉 安徽淮北 石

**铺首** 东汉 安徽淮北 石

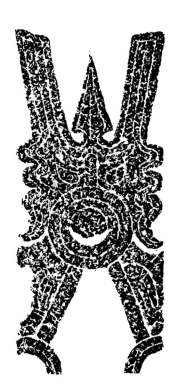
**铺首** 东汉 安徽淮北 石

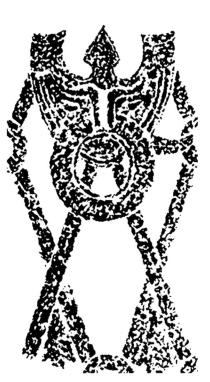
**铺首** 东汉 安徽淮北 石

铺首

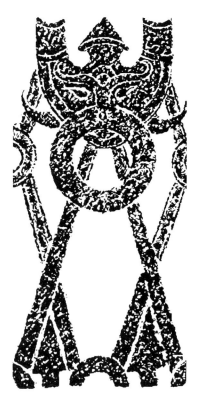

铺首　东汉　安徽淮北　石　　　铺首　东汉　安徽淮北　石　　　铺首　东汉　安徽淮北　石

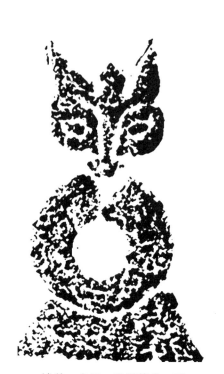

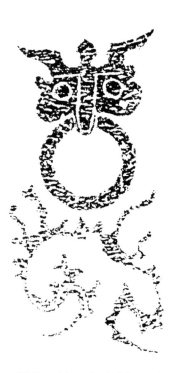

铺首　东汉　安徽萧县　石　　　铺首　东汉　河南南阳　石　　　铺首　东汉　河南南阳　石

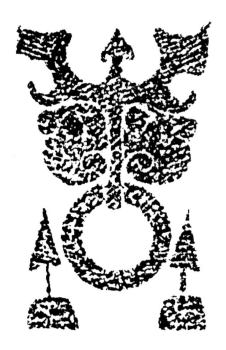
铺首　东汉　河南南阳　石

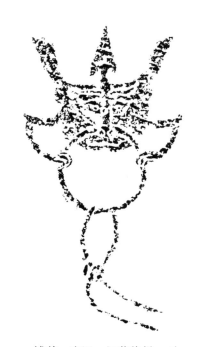
铺首　东汉　江苏徐州　石

铺首　东汉　江苏徐州　石

铺首　东汉　江苏徐州　石

铺首　东汉　江苏徐州　石

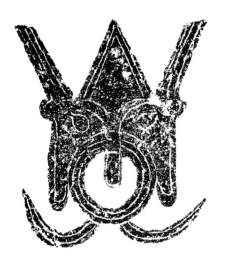
铺首　东汉　江苏徐州　石

铺首　东汉　江苏徐州　石

铺首　东汉　江苏徐州　石

铺首

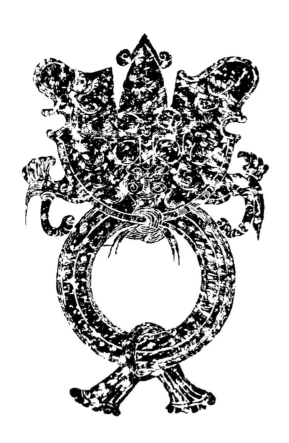
**铺首** 东汉 江苏徐州睢宁 石

**铺首** 东汉 江苏徐州睢宁 石

**铺首** 东汉 山东临沂 石

**铺首** 东汉 山东临沂 石

仙人神祇

**铺首** 东汉 山东临沂 石

**铺首** 东汉 山东临沂 石

**铺首** 东汉 山东临沂 石

**铺首** 东汉 山东临沂 石

铺首

铺首

**铺首** 东汉 山东临沂 石

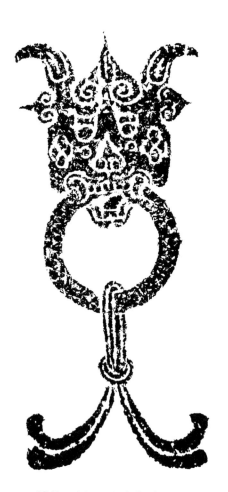

**铺首** 东汉 山东临沂 石

**铺首** 东汉 山东滕州 石

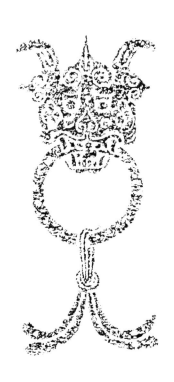

**铺首** 东汉 山东诸城 石

**铺首** 东汉 山东邹城 石

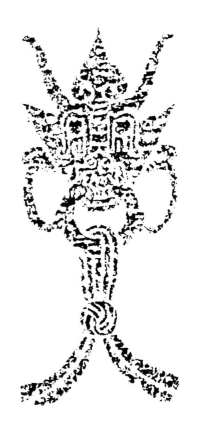

**铺首** 东汉 山东邹城 石

**铺首** 东汉 山东广饶寨村 石

**铺首** 东汉 山东临沂 石

**铺首** 东汉 山东招远界河 石

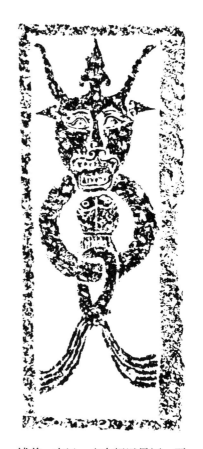
**铺首** 东汉 山东招远界河 石

**榜题 建初四年** 东汉 安徽淮北 石

**铺首** 东汉 安徽淮北 石

铺首　东汉　安徽淮北　石

铺首　东汉　安徽淮北　石

铺首　东汉　安徽淮北　石

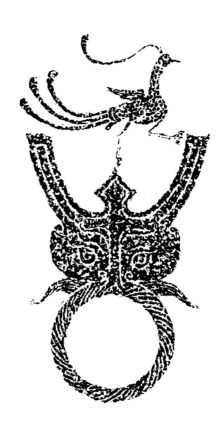

铺首　东汉　安徽淮北　石

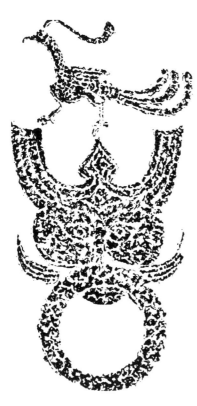
铺首　东汉　安徽淮北　石

铺首　东汉　安徽淮北　石

铺首　东汉　安徽淮北　石

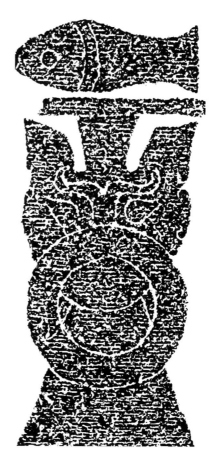
铺首　东汉　安徽淮北　石

仙人神祇

**铺首** 东汉 安徽淮北 石

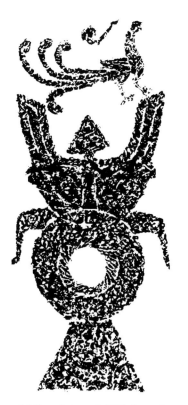
**铺首** 东汉 安徽淮北 石

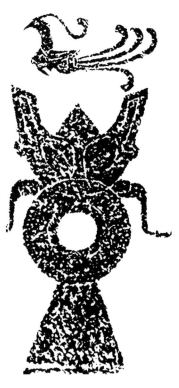
**铺首** 东汉 安徽淮北 石

铺首

**铺首** 东汉 安徽淮北 石

**铺首** 东汉 安徽淮北 石

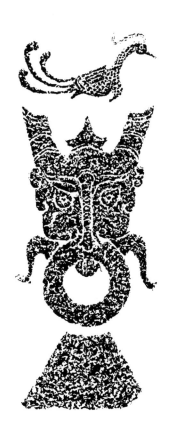
**铺首** 东汉 安徽淮北 石

# 铺首

  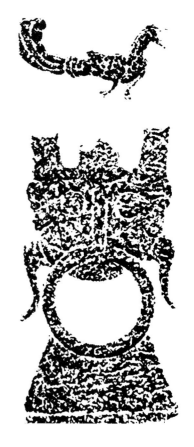

**铺首**　东汉　安徽淮北　石　　　**铺首**　东汉　安徽淮北　石　　　**铺首**　东汉　安徽淮北　石

 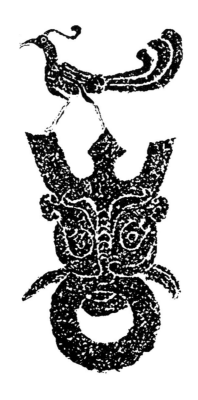 

**铺首**　东汉　安徽淮北　石　　　**铺首**　东汉　安徽淮北　石　　　**铺首**　东汉　安徽淮北　石

仙人神祇

铺首

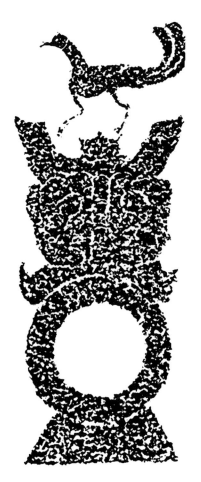
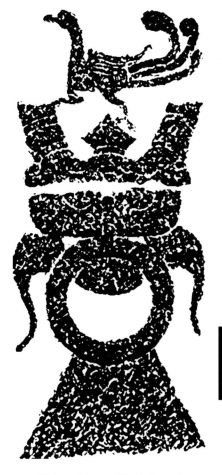

铺首　东汉　安徽淮北　石　　铺首　东汉　安徽淮北　石　　铺首　东汉　安徽淮北　石

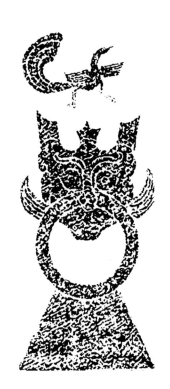

铺首　东汉　安徽淮北　石　　铺首　东汉　安徽淮北　石　　铺首　东汉　安徽淮北　石

铺首

铺首 东汉 安徽萧县 石

铺首 东汉 安徽萧县 石

铺首 东汉 安徽萧县 石

铺首 东汉 安徽萧县 石

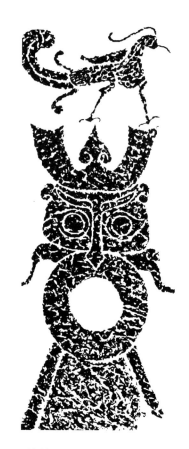
铺首 东汉 安徽萧县 石

铺首 东汉 安徽萧县 石

铺首　东汉　安徽萧县　石

铺首　东汉　安徽萧县　石

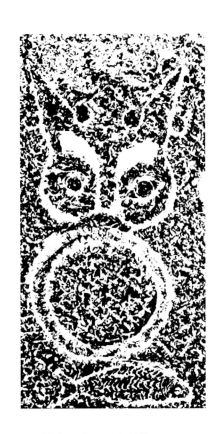

铺首　东汉　安徽萧县　石

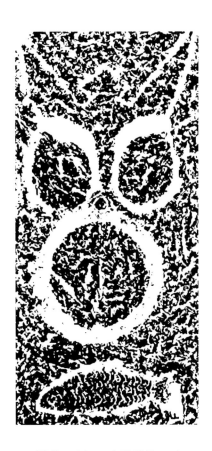

铺首　东汉　安徽萧县　石

铺首　东汉　安徽萧县　石

铺首

**铺首** 东汉 安徽萧县 石

**铺首** 东汉 安徽萧县 石

**铺首** 东汉 安徽萧县 石

**铺首** 东汉 安徽萧县 石

**铺首** 东汉 安徽萧县 石

**铺首** 东汉 安徽萧县 石

仙人神祇

铺首

**铺首** 东汉 安徽萧县 石　　**铺首** 东汉 安徽萧县 石　　**铺首** 东汉 安徽萧县 石

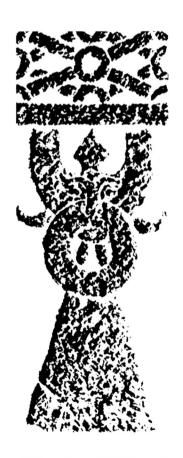
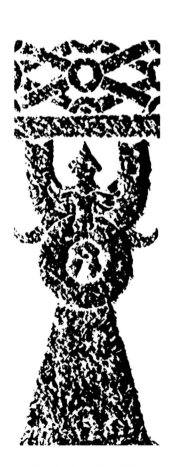

**铺首** 东汉 安徽萧县 石　　**铺首** 东汉 安徽萧县 石　　**铺首** 东汉 安徽萧县 石

# 铺首

铺首　东汉　安徽萧县　石

铺首　东汉　安徽萧县　石

铺首　东汉　安徽萧县　石

铺首　东汉　安徽萧县　石

铺首　东汉　安徽萧县　石

铺首　东汉　安徽萧县　石

铺首　东汉　安徽萧县　石　　　铺首　东汉　安徽萧县　石　　　铺首　东汉　安徽萧县　石

铺首　东汉　安徽萧县　石　　　铺首　东汉　安徽萧县　石　　　铺首　东汉　安徽萧县　石

铺首　东汉　安徽萧县　石

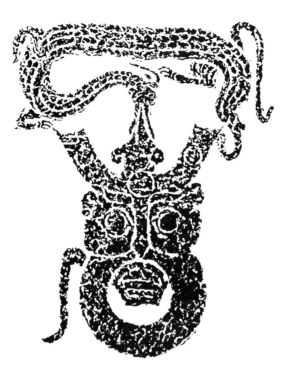
铺首　东汉　安徽萧县　石

铺首　东汉　安徽萧县　石

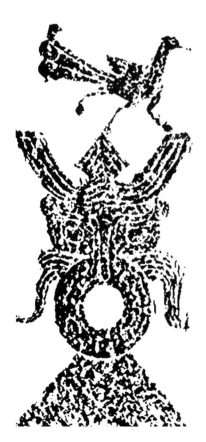
铺首　东汉　安徽萧县　石

铺首　东汉　安徽萧县　石

铺首　东汉　安徽萧县　石

铺首　东汉　安徽萧县　石

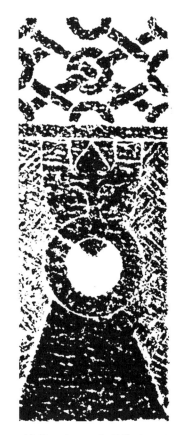
铺首　东汉　安徽萧县　石

铺首　东汉　安徽萧县　石

铺首　东汉　安徽萧县　石

铺首　东汉　安徽萧县　石

铺首　东汉　安徽萧县　石

**铺首**

铺首　东汉　安徽萧县　石

铺首　东汉　安徽萧县　石

铺首　东汉　安徽萧县　石

铺首　东汉　安徽萧县　石

铺首　东汉　安徽萧县　石

铺首　东汉　河南商丘　石

**铺首** 东汉 河南商丘 石

**铺首** 东汉 河南商丘 石

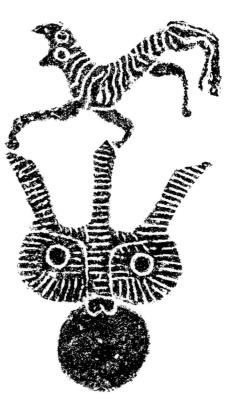
**铺首** 东汉 河南许昌 石

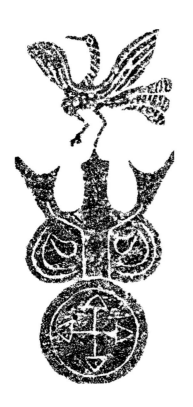
**铺首** 东汉 河南许昌 石

**铺首** 东汉 河南许昌 石

**铺首** 东汉 河南许昌 石

铺首　东汉　江苏徐州　石

铺首　东汉　江苏徐州　石

铺首　东汉　山东安丘　石

铺首　东汉　山东梁山百墓山　石

铺首　东汉　山东梁山茶庄　石

铺首　东汉　山东临沂　石

仙人神祇

铺首　东汉　山东临沂　石

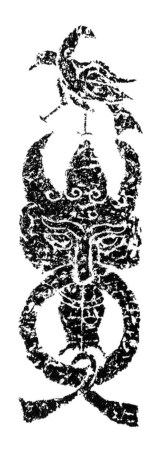
铺首　东汉　山东临沂　石

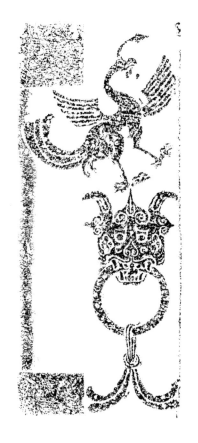
铺首　东汉　山东诸城前凉台　石

铺首

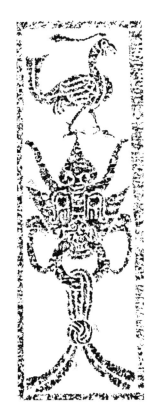
铺首　东汉　山东诸城前凉台　石

铺首　东汉　山东邹城　石

铺首　东汉　陕西榆林　石

铺首

**铺首** 东汉 陕西榆林 石

**铺首** 东汉 陕西榆林 石

**铺首** 东汉 陕西榆林 石

**铺首** 东汉 陕西榆林 石

**铺首** 东汉 陕西榆林 石

**铺首** 东汉 陕西榆林 石

**铺首** 东汉 陕西榆林 石

**铺首** 东汉 陕西榆林 石

**铺首** 东汉 陕西榆林 石

**铺首** 东汉 陕西榆林 石

**铺首** 东汉 陕西榆林 石

**铺首** 东汉 陕西榆林 石

# 铺首

**铺首** 东汉 陕西榆林 石

**铺首** 东汉 陕西榆林 石

**铺首** 东汉 陕西榆林 石

**铺首** 东汉 陕西榆林 石

**铺首** 东汉 陕西榆林 石

**铺首** 东汉 陕西榆林 石

仙人神祇

铺首

**铺首** 东汉 陕西榆林 石

**铺首** 东汉 陕西榆林 石

**铺首** 东汉 陕西榆林 石

**铺首** 东汉 陕西榆林 石

**铺首** 东汉 陕西榆林 石

**铺首** 东汉 陕西榆林 石

## 铺首

**铺首** 东汉 陕西榆林 石

**铺首** 东汉 陕西榆林 石

**铺首** 东汉 陕西榆林 石

**铺首** 东汉 陕西榆林 石

**铺首** 东汉 陕西榆林 石

**铺首** 东汉 陕西榆林 石

仙人神祇

铺首　东汉　陕西榆林　石

铺首　东汉　陕西榆林　石

铺首　东汉　陕西榆林　石

铺首

铺首　东汉　陕西榆林　石

铺首　东汉　陕西榆林　石

铺首　东汉　陕西榆林　石

## 铺首

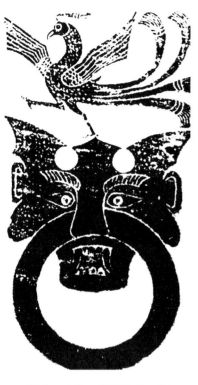 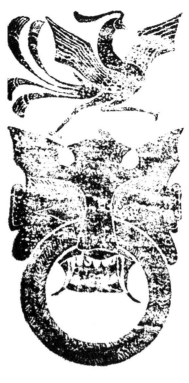 

**铺首** 东汉 陕西榆林 石　　**铺首** 东汉 陕西榆林 石　　**铺首** 东汉 陕西榆林 石

**铺首** 东汉 陕西榆林 石　　**铺首** 东汉 陕西榆林 石　　**铺首** 东汉 陕西榆林 石

仙人神祇

铺首

**铺首** 东汉 陕西榆林 石　　**铺首** 东汉 陕西榆林 石　　**铺首** 东汉 陕西榆林 石

**铺首** 东汉 陕西榆林 石　　**铺首** 东汉 陕西榆林 石　　**铺首** 东汉 陕西榆林 石

## 铺首

铺首　东汉　陕西榆林　石

铺首　东汉　陕西榆林　石

铺首　东汉　陕西榆林　石

铺首　东汉　陕西榆林　石

铺首　东汉　陕西榆林　石

铺首　东汉　陕西榆林　石

仙人神祇

铺首

**铺首** 东汉　陕西榆林　石　　　**铺首** 东汉　陕西榆林　石　　　**铺首** 东汉　陕西榆林　石

**铺首** 东汉　陕西榆林　石　　　**铺首** 东汉　陕西榆林　石　　　**铺首** 东汉　陕西榆林　石

铺首

铺首　东汉　陕西榆林　石

铺首　东汉　陕西榆林　石

铺首　东汉　陕西榆林　石

铺首　东汉　陕西榆林　石

铺首　东汉　陕西榆林　石

铺首　东汉　陕西榆林　石

仙人神祇

铺首　东汉　陕西榆林　石　　　　铺首　东汉　陕西榆林　石　　　　铺首　东汉　陕西榆林　石

铺首

铺首　东汉　陕西榆林　石　　　　铺首　东汉　陕西榆林　石　　　　铺首　东汉　陕西榆林　石

## 铺首

**铺首** 东汉 陕西榆林 石　　**铺首** 东汉 陕西榆林 石　　**铺首** 东汉 陕西榆林 石

**铺首** 东汉 陕西榆林 石　　**铺首** 东汉 陕西榆林 石　　**铺首** 东汉 陕西榆林 石

仙人神祇

铺首

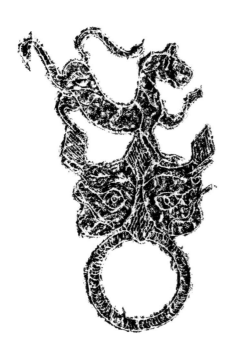
铺首　西汉　山东邹城　石

铺首　西汉　山东邹城　石

铺首　东汉　安徽淮北　石

铺首　东汉　河南方城　石

铺首　东汉　河南方城　石

铺首　东汉　河南方城　石

铺首

铺首　东汉　河南方城　石

铺首　东汉　河南方城城关　石

铺首　东汉　河南方城城关　石

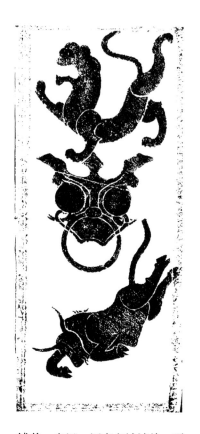
铺首　东汉　河南方城城关　石

铺首　东汉　河南方城城关　石

铺首　东汉　河南方城东关　石

仙人神祇

铺首　东汉　河南方城东关　石　　铺首　东汉　河南方城东关　石　　铺首　东汉　河南方城东关　石

铺首　东汉　河南方城东关　石　　铺首　东汉　河南南阳环城乡王府　石　　铺首　东汉　河南南阳　石

铺首

铺首　东汉　江苏徐州　石

铺首　东汉　山东博物馆　石

铺首　东汉　山东嘉祥武氏祠　石

仙人神祇

铺首

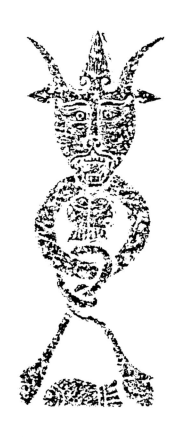  

**铺首** 东汉 山东招远 石　　**铺首** 东汉 陕西榆林 石　　**铺首** 东汉 陕西榆林 石

**铺首** 东汉 陕西榆林 石　　**铺首** 东汉 陕西榆林 石　　**铺首** 东汉 陕西榆林 石

# 铺首

**铺首** 东汉 陕西榆林 石　　**铺首** 东汉 陕西榆林 石　　**铺首** 东汉 陕西榆林 石

**铺首** 东汉 陕西榆林 石　　**铺首** 东汉 陕西榆林 石　　**铺首** 东汉 陕西榆林 石

仙人神祇

铺首

**铺首** 东汉 陕西榆林 石

**铺首** 东汉 陕西榆林 石

**铺首** 东汉 陕西榆林 石

**铺首** 东汉 陕西榆林 石

**铺首** 东汉 陕西榆林 石

**铺首** 东汉 陕西榆林 石

## 铺首

**铺首** 东汉 陕西榆林 石　　　　**铺首** 东汉 陕西榆林 石　　　　**铺首** 东汉 陕西榆林 石

**铺首** 东汉 陕西榆林 石　　　　**铺首** 东汉 陕西榆林 石　　　　**铺首** 东汉 陕西榆林 石

仙人神祇

铺首　东汉　陕西榆林　石　　　铺首　东汉　陕西榆林　石　　　铺首　东汉　陕西榆林　石

铺首

铺首　东汉　陕西榆林　石　　　铺首　东汉　陕西榆林　石　　　铺首　东汉　陕西榆林　石

铺首　东汉　陕西榆林　石

铺首　东汉　陕西榆林　石

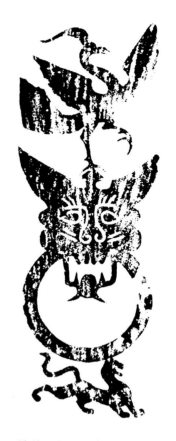
铺首　东汉　陕西榆林　石

铺首　东汉　陕西榆林　石

铺首　东汉　陕西榆林　石

铺首　东汉　陕西榆林　石

仙人神祇

**铺首** 东汉 陕西榆林 石

**铺首** 东汉 陕西榆林 石

**铺首** 东汉 陕西榆林 石

铺首

**铺首** 东汉 陕西榆林 石

**铺首** 东汉 陕西榆林 石

**铺首** 东汉 陕西榆林 石

铺首

铺首　东汉　陕西榆林　石

铺首　东汉　陕西榆林　石

铺首　东汉　陕西榆林　石

铺首　东汉　陕西榆林　石

铺首　东汉　陕西榆林　石

铺首　东汉　陕西榆林　石

仙人神祇

铺首　东汉　陕西榆林　石　　　　铺首　东汉　陕西榆林　石　　　　铺首　东汉　陕西榆林　石

铺首

铺首　东汉　陕西榆林　石　　　　铺首　东汉　陕西榆林　石　　　　铺首　东汉　陕西榆林　石

中国汉画大图典

铺首

铺首　东汉　陕西榆林　石

铺首　东汉　陕西榆林　石

铺首　东汉　陕西榆林　石

铺首　东汉　陕西榆林　石

铺首　东汉　陕西榆林　石

铺首　东汉　陕西榆林　石

**铺首** 东汉 陕西榆林 石

**铺首** 东汉 陕西榆林 石

**铺首** 东汉 陕西榆林 石

**铺首** 东汉 陕西榆林 石

**铺首** 东汉 陕西榆林 石

**铺首** 东汉 陕西榆林 石

铺首

铺首　东汉　陕西榆林　石

铺首　东汉　陕西榆林　石

铺首　东汉　陕西榆林　石

铺首　东汉　陕西榆林　石

铺首　东汉　陕西榆林　石

铺首　东汉　陕西榆林　石

仙人神祇

铺首　东汉　陕西榆林　石

铺首　东汉　陕西榆林　石

铺首　东汉　陕西榆林　石

铺首

铺首　东汉　陕西榆林　石

铺首　东汉　陕西榆林　石

铺首　东汉　陕西榆林　石

393

中国汉画大图典

铺首

**铺首** 东汉 陕西榆林 石

**铺首** 东汉 陕西榆林 石

**铺首** 东汉 陕西榆林 石

**铺首** 东汉 陕西榆林 石

**铺首** 东汉 陕西榆林 石

仙人神祇

铺首

**铺首** 西汉 山东邹城 石

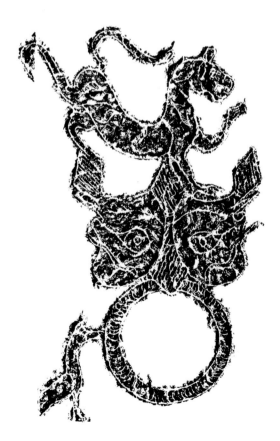

**铺首** 西汉 山东邹城 石

# 汉画中的仙人与神祇

胡新立

## 一、西王母

世人对西王母的崇拜始于春秋时期。后来，西王母成为道教主神之一，是中国宗教史上极其重要的神明。流行于两汉时期的西王母崇拜，是人类繁衍、升仙思想的反映。全国画像砖、画像石上留存了大量西王母及其神仙世界的图像，丰富多彩，美轮美奂，不仅是研究古代神话的重要资料，更是难得的艺术佳品。

《山海经·大荒西经》载："有大山，名曰昆仑之丘。……有人，戴胜，虎齿，有豹尾，穴处，名曰西王母。"[1] 又《山海经·西山经》载："又西三百五十里，曰玉山，是西王母所居也。"[2] 据古人解释，昆仑出美玉，故也称玉山。

至少在西汉晚期，人们对西王母的崇拜成为有组织的宗教活动，其被奉为超凡入圣的至高神祇。如《汉书·五行志》载："哀帝建平四年……其夏，京师郡国民聚会里巷阡陌，设祭张博具，歌舞祠西王母，又传书曰'母告百姓，佩此书者不死'。"[3] 又张衡《灵宪》说："羿请无死之药于西王母，姮娥窃之以奔月。"[4] 汉代文学作品如司马相如《大人赋》有："吾乃今目睹西王母，皬然白首，戴胜而穴处兮，亦幸有三足乌为之使。"[5]《山海经·海内北经》载："西王母梯几而戴胜杖，其南有三青鸟，为西王母取食。在昆仑虚北。"[6]《竹书纪年》卷下："（周穆王）十七年，王西征昆仑丘，见西王母。其年，西王母来朝，宾于昭宫。"[7]

最早出现西王母名称的文献是东周时期的《庄子》和《荀子》。比较可靠的文献有《山海经》《穆天子传》《竹书纪年》和《汉武帝内传》。此后西汉时期的扬雄、司马相如的文赋中屡屡提及西王母。司马迁曾在《史记》中记载，汉武帝以昆仑山来命名他所建造的明堂，司马迁还记载了穆天子与西王母的相会。真正记述西王母与昆仑山关联的历史文献是班固的《汉书·地理志》："西北至塞外，有西王母石室、仙海、盐池。……西有须抵池，有弱水、昆仑山祠。"[8] 又《汉书·郡国志》载："临羌有昆仑山。"[9] 说明在汉代时，已将昆仑山定位在青海临羌、湟源一带。《穆天子传》云："吉日甲子，天子宾于西王母……乙丑天子觞西王母瑶池之上。"[10] 可知西王母的神话传说由来已久。

汉代壁画、画像石上出现西王母的绘刻图像，最早是洛阳西汉卜千秋墓室彩绘的壁画，图中的西王母坐在云彩而非山巅之上。在鲁南苏北西汉晚期的画像石上，才出现西王母的图像，其中邹城卧虎山石椁、微山青山、微山岛和江苏沛县栖山西汉石椁，西王母端坐于昆仑山巅之上，既有诸神朝拜，也有玉兔捣仙药及三足乌、月精蟾蜍和九尾狐环绕周围，构成西王母世界的基本组合。此时阴线刻绘的西王母，形象富于变化，并非东汉时期头戴方胜、正襟危坐的偶像化的形象。

西汉末年，谶纬迷信、升仙思想盛行，西王母成为人们狂热崇拜追求的偶像，与此同时另一位对应的新神——东王公闪亮登场。巫鸿指出："汉宇宙哲学以阴与阳为两股极端对立的力量，它们在无数成双成对的力量平衡中来显示自身……例如伏羲女娲本来是两尊丝毫不相干的神仙，但在汉代神话传说中他们却成了一对夫妻。东王公形象的塑造也同样出自这样的考虑。"[11] 作为阴阳两方面的象征，一尊新的东方之神——东王公出现了。甚至他的称谓都与西王母构成完美的平衡对应，从而揭示他存在的合理性。诸多资料表明：公元1世纪前后，西王母与风伯（箕星）相对的组合形态，出现在孝堂山石祠的东、西山墙中。直到东汉晚期（大约公元151年之后），才取代风伯，东王公出现在武梁祠的两面山墙顶部，与西王母相对。这种东王公、西王母的东西对称的组合方式，一直出现在石祠等建筑中并延续到东汉消亡。值得注意的是，这个组合模式均首见于山东，其原因是这里是阴阳学派和汉代儒学的发源地。东王公的形象从无到有，这个纯虚构的神祇出现，当是民间宗教信仰的产物。在西汉末年狂热地崇拜西王母的宗教活动中，人们对长生成仙趋之若鹜，西王母及昆仑仙境不仅是长生不死的象征，而且变成超越仙界一切神祇的崇拜偶像。

从画绘到石刻，图像中的东王公、西王母，有两种表现形式：其一是情景型，构图松散随意，偶像不居中，服饰不典型，富有地区民间色彩；其二是偶像型，构图严谨对称，偶像居中，服饰典型，且配置的玉兔、三足乌、九尾狐等俱全，在建筑环境空间中居首要位置。

汉画像石刻中的西王母图像比较丰富，主要是东汉时期的作品，西汉少见。从分布区域来说，山东为主，河南次之，四川、陕北及苏北、皖北也有发现。另外河南、四川画像砖也有精美的西王母图像。

## 二、东王公

东王公是与西王母组合的一个神祇。东王公，又称东公、木公、东皇公、东王父等，是汉代主宰宇宙东西方世界的主要神祇。由于东王公的出现较西王母晚，文献记载不多。如《神异经·东荒经》："东荒山中有大石室，东王公居之，长一丈，头发皓白，身人形而虎尾。"[12] 又《中荒经》："昆仑有铜柱焉，其高入天，所谓天柱也。围三千里，圆周如削。下有回屋仙人九府。"又曰："昆仑铜柱有屋，辟方百丈。上有一鸟，名希有，张左翼覆东王公，右翼覆西王母。背上小处无羽，一万九千里。"[13]

东王公的出现，是西汉晚期对西王母狂热崇拜的结果，一是西王母的图像内容不断丰富；二是西王母神仙世界配置的神兽、仙人日趋完善，才出现对偶之神——东王公。这种东西对称的偶像模式，在东汉晚期达到完美神仙境地。在道教的世界里，东王公成为掌管所有男性成仙者的神，被尊奉为东华帝君。

在汉画像石中，较早出现东王公形象的是在嘉祥武梁祠东山墙的仙界中，东王公头戴山字冠，肩生双翼，正襟危坐，周围有飞翔的羽人及神兽环绕，构成祥云缭绕的神仙世界。在沂南汉墓的石柱上，东王公与西王母的图像相对置于石柱顶端，阴线刻绘的二仙均端坐在帷帐之中，上有华盖，下有祥禽瑞兽，与石柱的另两面佛像相对，构成完美的仙人、佛陀世界。

## 三、羽人（仙人）

羽人是汉代仙人的主要表现形式。羽人一词最早见于《楚辞》。《楚辞·远游》："仍羽人于丹丘兮，留不死之旧乡。"王逸注："《山海经》言有羽人之国，不死之民。或曰，人得道，身生羽毛。"洪兴祖补注："羽人，飞仙也。"[14]

《山海经·海外南经》："羽民国在其东南，其为人长头，身生羽。一曰在比翼鸟东南，其为人长颊。"郭璞注："能飞不能远，卵生，画似仙人也。"[15] 古人认为：仙人身有羽翼，可以借助身上的羽翼升天，故仙人又曰羽人。王充在《论衡·雷虚篇》曰："飞者皆有翼，物无翼而飞，谓仙人。画仙人之形，为之作翼。如雷公与仙人同，宜复着翼。使雷公不飞，图雷家言其飞，非也。"《论衡·无形篇》载："图仙人之形，体生毛，臂变为翼，行于云，则年增矣，千岁不死。"《论衡·道虚篇》又载："为道学仙之人，能先生数寸之毛羽，从地自奋，升楼台之陛，乃可谓升天。"[16]

汉代人认为：羽人除了裸体、身生双翼、大耳竖立、眼瞳方目外，其身轻如云，"肌肤若冰雪、绰约如处子，不食五谷，吸风饮露，乘云气，御飞龙，而游乎四海之外……"[17]在考古界发现的重要实物有：湖北荆州天星观二号楚墓出土的战国中期漆羽人，羽人双翼、鸟喙、鸟尾，双臂抱于胸前。还有曾侯乙的内棺侧板上，绘有人面鸟身的人物形象，头着尖冠，两耳硕大，双翅舒展，尾翼呈扇形散开。西安未央区南玉丰村出土的西汉铜羽人，长脸尖鼻、大耳竖立、宽肩束腰，背生双翅。这些考古发现的羽人形象，是东汉画像石刻中羽人的原型，只不过表现形式更加丰富多彩。

画像石中的羽人形象主要发现在河南南阳、山东、四川及陕西榆林地区。其主要表现形式为乘骑升仙，常见图像有：羽人御龙、骑虎、骑鹿、骑羊，或弈棋，或乘云车，或相伴于西王母之侧，是神仙世界的主要组合元素。在榆林地区，羽人往往相对坐在悬圃之上，对弈六博，身边有山临溪谷，青云环绕，是汉代人追求的神仙梦境。

## 四、伏羲女娲

有关伏羲的称谓较多，在不同时期的文献中有所不同，如伏羲、太昊、太皞、宓羲、包羲氏、庖羲氏等。较早记载伏羲女娲的文献有《周易》，文载："古者包羲氏之王天下也，仰则观象于天，俯则观法于地。观鸟兽之文与地之宜，近取诸身，远取诸物。于是始作八卦，以通神明之德，以类万物之情。作结绳而为网罟，以佃以渔，盖取诸离。"[18]东汉王延寿《鲁灵光殿赋》有："图画天地，品类群生。杂物奇怪，山海神灵。写载其状，托之丹青。……上纪开辟，遂古之初，五龙比翼，人皇九头，伏羲鳞身，女娲蛇躯。鸿荒朴略，厥状睢盱。"[19]西晋皇甫谧《帝王世纪》曰："太昊帝庖牺氏，风姓也。蛇身人首，有圣德。燧人氏没，庖牺氏代之，继天而王。首德于木，为百王先。帝出于震，未有所因，故位在东方。主春，象日之明，是称太昊。""女娲氏亦风姓也，承庖牺制度，亦蛇身人首，一号女希，是为女皇。"[20]《山海经·大荒西经》曰："女娲，古神女而帝者。人面蛇身，一日中七十变。"[21]东汉应劭《风俗通义》："俗说天地开辟，未有人民，女娲抟黄土作人，剧务，力不暇供，乃引绳于缅泥中，举以为人。"[22]

伏羲女娲既是中国历史上的古帝王和人类始祖，又是神话传说中的显赫神灵，在两汉画像石中最为常见。伏羲是我国神话传说中的三皇之一，人首蛇身，头戴冠，身着襦衣或袍服，宽衣大袖，只是下面露出长尾，表现其先祖地位。女娲着女装，脸型姣好圆润，有发髻，身着襦衣或长裙，其下是蛇躯。在汉画的画面中，伏羲女娲或相对，或蛇躯交互缠绕，形式多样。一般伏羲执规，女娲执矩，都是表现以规矩治天下之意。汉代将伏羲女娲视为人类的始祖和保护神，以实现子孙繁衍昌盛的愿望。

全国发现的伏羲女娲图像较多，最早见于战国壁画彩绘，两汉画像石的图像表现形式丰富多彩，或飞腾，或缠绕，或相望，极具艺术特色。发现地区以山东较多，其次是河南、四川。

## 五、神荼郁垒

在汉代墓葬中，往往刻绘有神荼郁垒等图像，乃祈愿保护墓主灵魂，防止妖邪入侵的作用。这一风俗来源于古代度朔山的神话传说。王充《论衡·订鬼篇》引《山海经》有云："沧海之中，有度朔之山，上有大桃木，其屈蟠三千里，其枝间东北曰鬼门，万鬼所出入也。上有二神人，一曰神荼，一曰郁垒，主阅领万鬼。恶害之鬼，执以苇索，而以食虎。于是黄帝乃作礼以时驱之，立大桃人，门户画神荼郁垒与虎，悬苇索以御凶魅。"[23]考古发现较早的神荼郁垒与虎的图像，是在湖南长沙砂子塘西汉早期木椁墓，外椁挡板画有神虎、玉磬，神虎背上"两位有翼神人就是度朔山上统领万鬼的神荼和郁垒。"[24]此外，更为形象的神荼郁垒，发现于山东曲阜的东安汉里石椁。在双石椁前档外壁，刻有写实的神荼郁垒，两两相对，手执桃枝、长刀，面目狰狞；另有一人手执绳索，构成一幅镇守墓室、驱逐恶鬼的画面。

## 六、太一神

太一神是两汉时期民间宗教中的至上神，被推崇为宇宙之王、万物之父。历代帝王奉为天帝太一，认为其是朝廷崇拜的主神。太一，又称泰一，天一、天皇、太乙、北辰、北极星。古代尊为至高无上的帝星或天神名，是汉代三大天神之一，即天皇、地皇、太皇（太一神），是位于五帝之上的最高神祇。有关太一神的文献记载较多，如《河图·括地象》记载："天地初立，有天皇氏，澹泊自然，与极同道"[25]；《帝王世纪》有云："天皇大帝曜魄宝，地皇为天一，人皇为太一。"[26]《史记·封禅书》有云："天神贵者太一，太一佐曰五帝，古者天子以春秋祭太一东南郊。"《正义》有云："泰一，天帝之别名也。刘伯庄云，泰一，天神之最尊贵者也。"[27]《周易·乾凿度》郑玄注云："太一者，北辰之神名也。居其所，曰太一。"[28]《楚辞·九歌》汉代王逸注："太一星名，天之尊神，祠在楚东，以配东帝，故曰东皇。"[29]

西汉元光二年（前133年）方士缪忌奏请祭祀太一神，用太牢礼祭太一于东南郊。汉武帝采纳了这个建议，命令太祝在长安东南建立太一坛，春秋祭祀。《汉书·礼乐志》载："至武帝定郊祀之礼，祠太一于甘泉，就乾位也。"[30]于是供奉太一成为两汉从朝廷到民间的重要祭祀内容，更是汉代人用宗教化的历史观，把现实人生同彼岸的神仙世界完美地联结为一体的例证。《真诰·运象篇》载："太一遣宝车来迎，上登太霄，游宴紫极。"[31]太一神扮演了沟通人与神，助人死后升仙的重要使者。

汉画像石展现的历史世界与神仙世界，穿越时空，营造了人们视死如归的理想殿堂。太一神图像往往位于伏羲女娲之间，以端庄正面为主，有的图像是太一两手托举伏羲女娲，凸显了其万物之主的神圣地位。在发现的多幅图像中，以山东邹城、嘉祥，河南南阳的太一、伏羲女娲图最典型，其中河南南阳麒麟岗太一托举伏羲女娲图像，生动写实，富有艺术表现色彩。

## 七、风师神

风师又称风伯神，即汉代传说的箕星，是东方之神。《周礼·大宗伯》云："以槱燎祀司中、司命、风师、雨师。"郑注："风师，箕也。"[32]人们相信"箕主八风""箕为天口，主出气"。正如东汉蔡邕《独断》说："风伯神，箕星也，其象在天，能兴风。"[33]《史记·天官书》说箕星位于天之东方，是青龙座的组成部分。应劭的《风俗通义·祀典篇》载："风师者，箕星也。箕主簸扬，能致风雨。"[34]信立祥指出："风伯就是箕星的人格神，而箕星是属于东方苍龙星座的星辰，风伯自然也就成了司风的东方之神。"[35]因为箕星是汉代备受崇拜的六位神祇之一，与农业上的风调雨顺有关，以风雨养成万物，有功于人王者。在东汉早期的画像石中，风伯作为东方"阳"的象征，与西方象征"阴"的西王母，同时出现在孝堂山石祠东、西壁上。随着新的男性偶像——东王公的出现，风伯才退位下来，与雨师、雷公、操蛇之神等汇聚于同一画面，构成新的神祇组合。

东汉中期以来，风伯、雨师已从黄帝或雷公的护从之神，进一步仙化成主掌风雨的主神，同时兼有降服恶鬼、调解阴阳的神通之力。汉画墓祠中出现风、雨、云、雷神的图像，其目的是护佑墓主的灵魂能乘上云气车，早日升入仙界。如《淮南子·原道训》所云："是故大丈夫……以天为盖，以地为舆……乘云凌霄，与造化者俱……令雨师洒道，使风伯扫尘，电以为鞭策，雷以为车轮。上游于霄雿之野，下出于无垠之门……"[36]助人灵魂升仙，是风伯的主要宗教功能，汉画中的风伯大都是人格化的神祇。

考古发现的风伯神的图像，主要发现于山东汉画石刻上。其中西汉晚期的风伯图像发现较少，多是东汉晚期的图像。西汉图像以邹城、微山较为典型，图像阴线刻，风伯形体健壮，站立或坐着，鼓腮吹气。风伯的周围有玉兔捣药、三足乌、九尾狐和月精蟾蜍等，有的图像周围有雷神、羽人及操蛇之神等。东汉则为浅浮雕，图像有两种：其一，风伯与西王母相对而坐；其二，风伯与风神、云神、雨师等护卫在云气车周围，在祥云之中穿行，或跪坐，或奔跑站立，吹风助雨，情景热烈。

## 八、雨师

雨师又称雨神，是掌管人间降雨之神祇。雨师还有"玄冥""赤松子""萍翳"等称号。《楚辞·天问》载："萍号起雨，何以兴之？"王逸注："萍，萍翳，雨师名也。"《楚辞·远游》载："闻赤松之清尘兮，愿承风乎遗则。"[37]《搜神记》云："赤松子者，神农时雨师也，服冰玉散，以教神农，能入火不烧。至昆仑山上，常入西王母石室中，随风雨上下。"[38] 可知汉代已将雨师人格化，并将其与西王母诸神放置一起。

受阴阳五行思想的制约，汉代人将雨师的方位定在北方，水属阴，北为阴之极，故也把人形雨神玄冥安排在北方。另外汉代还把毕星尊为星象中的雨神。《独断》云："雨师神，毕星也。其象在天，能兴雨。"[39] 洛阳尹屯新莽壁画墓和西安交通大学壁画墓，均有七星相连环绕一兔的毕星，那环状星云图，无疑是毕宿的象征性图像，应与汉代崇尚毕星，祈求风雨习俗有关。

汉画石刻中的雨师图像，主要发现于山东、河南，其图像稀少。典型图像在孝堂山石祠和武氏祠，雨师和风伯、雷神同处天庭，伴随天帝巡游于云雾之中，雨师手持大罐或瓶钵，将其中的雨水倾倒洒出，伴随祥云和风，点点春雨润泽人间大地。汉代风伯、雨师不仅被纳入国家的祭典之中，而且在都城长安和各地还建有祭祀风伯、雨师的祠庙，每年春秋大祭，都有隆重的祭祀活动。

## 九、方相氏

文献中的方相氏是周代官名，掌"时傩"之事，为驱傩者首领。《周礼·夏官·方相氏》："方相氏，掌蒙熊皮，黄金四目，玄衣朱裳，执戈扬盾，帅（率）百隶而时傩，以索室驱疫。"[40] 方相氏外貌是蒙着熊皮的巫祝，其头部道具为黄金四目，手执戈盾，丑陋而恐怖。所以郑玄注《周礼》时说："蒙，冒也。冒熊皮者，以惊驱疫疠之鬼，如今魌头也。时难，四时作，方相氏以难却凶恶也。"[41]《说文·页部》："魌，丑也，今逐疫有魌头。"[42]

关于方相氏的来源，古人认为是上古黄帝时人——嫫母。

《云笈七签》辑唐代王瓘《轩辕本纪》云："（黄）帝周游行时，元妃嫘祖死于道，帝祭之，以为祖神。令次妃嫫母监护于道，以时祭之，因以嫫母为方相氏。"[43] 唐代杨倞注《荀子》："嫫母，丑女，黄帝时人。"[44] 刘向《列女传》云："黄帝妃嫫母，于四妃之班居下，貌甚丑而最贤，心每自退。"[45]《楚辞》中也有对嫫母的歌颂："妒佳冶之芬芳兮，嫫母姣而自好。"[46] 另外，《帝王世纪》记述嫫母的丑陋形象甚细："嫫母，黄帝时极丑女也，锤额颥顩，形簏色黑，今之魌头是其遗像。而但有德，黄帝纳之，使训后宫。"[47]古人认为，由于嫫母相貌极丑，但德行高尚，于是让她演变成驱邪打鬼的方相氏，可惊怖四方邪魅魍魉。古文中嫫与貘音转，认为貘是一种神兽。《东周列国志》曾写道晋文公重耳在楚国与楚王狩猎时，在深山中见到此物，"似熊非熊，其鼻如象，其头似狮，其足似虎……其身大于马，其文（纹）黑白斑驳，剑戟刀箭，俱不能伤。""此兽其名曰'貘'，秉天地之金气而生……取其皮为褥，能辟瘟去湿。"[48]后来嫫母被演化成熊的图像，应与黄帝氏族的熊图腾有关。《史记·五帝本纪》记载："（黄帝）教熊、罴、貔、貅、䝙、虎，以与炎帝战于阪泉之野。"[49]表明了黄帝是以熊为图腾，傩戏中扮成熊的形象，当时与嫫母形象的转换而已。司马迁以为古代貘只是传说的神兽，不见踪迹，故人们将熊当成貘，以致汉代傩戏中出现熊的形象。

方相氏在汉代主要出现在两个场合：一是宫廷和民间年终岁尾，举行的贺岁驱祟逐疫仪式。二是送葬的墓地，由巫祝扮演的方相氏，手执剑戟，驱逐沿途野鬼，还要先前进入墓室，驱除魅魍妖邪，然后才能下葬。故《周礼·方相氏》载："大丧，先柩。及墓，入圹。以戈击四隅，驱方良。"[50]方良即《国语》中记载的木石之精，据说这种鬼怪就是会伤害阴灵的"罔象"，也是后来被人们泛称为鬼怪、瘟神的"魍魉"。

汉画中发现的方相氏图像，主要集中在河南南阳地区，山东地区较少，其年代是东汉中晚期。南阳邓县、英庄、独山三地画像石比较典型，其构图采用方相氏（以熊的形象）居中，奋力与两侧的龙、虎或犀牛搏斗，周围有祥云缭绕，还有羽人穿插其间。在武氏祠有刻的大傩驱鬼图，熊兽体态的方相，勇猛凶悍，力大无比，一手执戈，一手执剑……当是大傩活动中故弄玄虚的搏打挥舞一番情节。由此我们看到了与文献描述比较接近的方相氏，手挥兵器，驱赶妖邪，这种场面应是汉代流行的大傩逐疫仪式。在南阳的汉画中，也有较多方相氏手持斧子，驱逐妖邪的图像，只是并未穿着熊皮的道具罢了。

## 十、神人操蛇

神人操蛇的图像由来已久，至少在战国铜器上就有许多神人载蛇、操蛇、衔蛇的图像。汉画像石上更有图像各异的操蛇图，反映了汉代仙人神祇的一个品类。

有关神人操蛇的文献，主要见于《山海经·中山经》的记载："洞庭之山，帝之二女居之……是多神怪，状如人而载蛇，左右手操蛇。"《山海经·大荒北经》又载："大荒之中，有山名曰北极天柜，海水北注焉。……又有神衔蛇操蛇，其状虎首人身，四蹄长肘，名曰疆良。"还有《山海经·海内经》："又有黑人，虎首鸟足，两手持蛇，方啖之。"[51]

汉画中的神人当为疆良，由于蛇在汉代被视为恶兽、恶鬼的象征，那么啖蛇、斩蛇自然成了打鬼除恶、消除不祥的厌胜巫术。另外，在汉代还将操蛇打鬼、驱除妖邪等内容，融入傩戏之中，在傩仪中创造出说唱形式的"吓鬼词"。如张衡的《东京赋》所载："捎魑魅，斮猰狂，斩蜲蛇，脑方良。囚耕父于清泠，溺女魃于神潢，残夔魖与罔象，殪野仲而歼游光。八灵为之震慑，况魃蛊与毕方。度朔作梗，守以郁垒。神荼副焉，对操索苇，目察区阹，司执遗鬼。"[52] 东汉晚期，傩仪由祭祀舞转向民间傩戏，庄严的宗教色彩被欢乐嬉戏的民间乐舞替代。"神人操蛇"这种巫仪作法模式，演变成大众化的蛇戏。

汉画像石中的"神人操蛇"，全国发现的图像不多，主要在山东、河南，淮北也有发现。其图像主要两种式样：其一，神人操蛇，表现一力士般的神人，双手操蛇作制服状，如临沂吴白庄和嘉祥洪福院画像，比较典型；其二，神人啖蛇，主要表现一神人双手操蛇，并大口啖蛇的场景。邹城发现的神人仅有头部，牙齿外露，巨蛇已被咬入口中，非常形象。汉画石刻中表现的神人操蛇、啖蛇图像，都具有驱除妖邪等含义，其目的是祈求墓主得到平安。

## 十一、鸡首、牛首、马首神人

在汉画西王母座前有人兽混合的神怪侍者，它们是身着人类衣裳，而头部为兽首或禽首的神人。具体图像有：鸡首神人、牛首神人和马首神人。具体发现地域在鲁南、苏北地区，以徐州为主，其次在陕北地区。徐州地区发现的三类神怪侍者，多数与西王母共处一幅画面，个别是单独出现。从雕刻风格和石刻构建考量，其年代主要在西汉晚期。而陕北地区的神怪侍者都为单独出现，且以牛首、鸡首二神怪对称立于悬圃，不见西王母的影子。其年代全部是东汉晚期。

据有关研究，鸡首（鸟喙人身）神人，乃汉晋时期的"老君真形"。牛首人身，根据文献记述，是"天下鬼神之主"的炎帝。[53] 在道教形成过程中，人身兽首形象同许多其他古代宗教传统一起，被纳入鬼神之列。汉画中西王母、炎帝、老君等内容的不同组合形式，实际上表达了汉代由死而成仙的民间信仰，形形色色的兽首人身形象，均属仙人神祇之"怪象"，只是选择牛首以及鸟喙的鸡首神人，并强化了该神祇的重要作用，是汉代谶纬迷信发展的必然结果。

## 十二、天文星象（日月合璧等）

汉画中的天文星象主要发现于南阳地区。典型图像有苍龙星座、白虎星座、日月同辉、羲和主日、常羲生月、牛郎织女星座、金乌及月精蟾蜍星座，以及北斗、彗星等。

有关古代天文星象的文献主要见于《山海经》。如记载阳乌的内容有《山海经·大荒东经》："汤谷上有扶木，一日方至，一日方出，皆载于乌。"记载羲和主日的有《山海经·大荒南经》："有女子名曰羲和，是生十日。"记载常羲生月有《山海经·大荒西经》："有女子方浴月，帝俊妻常羲，生月十有二。"[54]

纵观汉画石上的天文星象，大致可分为两类：其一是装饰性的星点，无法与古代天文体系衔接；其二是按照古代五宫、二十八宿的体系绘制的，大致仍有规律可循。

日月合璧，又称日月同辉，是一幅典型的日月天文图像，在国内汉画砖石少有发现。发现比较典型的区域有：河南南阳，山东滕州、泰安，四川邛崃、新繁等地。三地构图虽有差异，但图像中两只展翅背负日轮和月轮的神鸟（一说金乌），中间的圆形天体，分别有象征着太阳的金乌和象征着月亮的蟾蜍、玉兔。此类画像往往发现于东汉晚期墓葬的顶部或后壁。王充《论衡》说："日中有三足乌，月中有兔、蟾蜍。"[55] 张衡《灵宪》云："日者，阳精之宗，积而成鸟，象乌而有三趾。阳之类，其数奇。""月者，阴精之宗。积而成兽，象兔，阴之类，其数偶。"[56] 墓葬中的日月合璧图像，不能单纯作为自然科学的理解，应放到汉代葬俗和墓葬的环境中去解读。《全唐文》辑韦展《日月如合璧赋》有云："是知阴阳卷舒，日月居诸……望乌兔之交集，瞻斗牛而既觏。璧惟圆制，象其圆正之形；玉以贞称，表此贞明之候。"[57]所以墓葬中日月合璧的根本含义是"和阴阳二仪交泰"，象征阴阳和，夫妇睦。"结发同枕席，黄泉共为友"的思想意识反映。它是阴阳五行思想的体现，与祈求祖先保佑后代子孙繁衍的思想有关，也可从《礼记·礼器》有关日月象征"阴阳之分，夫妇之位"的记载中得到印证。

## 十三、铺首衔环

"铺首"一词最早见于《汉书·哀帝纪》，"元寿元年……孝元庙殿门铜龟蛇铺首鸣。"唐代颜师古注："门之铺首，所以衔环者也。"[58]其名称来历有《后汉书·礼仪志》："殷人水德，以螺首，慎其闭塞，使如螺也，故以螺著门户。则椒图之似螺形，信矣。"[59]汉司马相如《长门赋》："挤玉户以撼金铺兮，声噌吰而似钟音"[60]描写的是环扣金铺首的声音。

铺首作为建筑门扉上的附件，早在春秋战国时期就已经出现。如楚都纪南城出土的错银卷云纹铺首衔环、河北燕下都遗址出土的金铺首衔环、中山国遗址出土的大型青铜多层浮雕铺首衔环、山东临淄西汉齐王墓出土的铜铺首等，都是建筑实物的精品。

两汉时期，画像石刻中的铺首衔环图像，可谓丰富多彩。以年代划分，西汉较少，东汉中晚期最为丰富。其表现形式多样，从祠堂到墓室，从墓门到石椁，大多双双成对，处于祠堂、墓葬中的显著位置。汉代铺首的图像式样，大致有人面和兽首两种。铺首一般由三段组成：上部多是山字冠，中部是兽首，下部是兽首口或鼻衔的圆环，环上有绶带、双鱼等装饰。铺首的上下有相向的虎、龙或朱雀，奔腾、对鸣其间。雕刻艺术风格由于地域不同，差异明显。山东多阴线刻，以写实手法为主；南阳地区主要是浮雕刻制，粗犷夸张，雄浑凝重；陕北地区多为墓门铺首，左右对称，采用减地平面雕刻，图像粗犷又有精细的线条，具有强烈的震撼力和神秘感。

铺首在墓葬中的出现是汉代丧葬习俗的产物。本来铺首是地上建筑门上的装饰物，随着汉代厚葬习俗和"事死如生"观念的深入，东汉晚期，地下墓葬之门刻绘铺首图像成为装饰主流。

铺首的形状多是狰狞的兽首，面部恐怖、凶猛威严，其原型当与汉代流行的"方相氏"逐疫驱鬼习俗有关。《周礼·夏官·方相氏》记载："掌蒙熊皮，黄金四目，玄衣朱裳，执戈扬盾，帅百隶而时傩，以索室驱疫。大丧，先柩，及墓，入圹，以戈击四隅，驱方良。"郑玄注："蒙，冒也。冒熊皮者，以惊驱疫疠鬼，如今魌头也。"[61] 由于方相氏有驱疫镇墓、降服恶鬼的作用，墓门上的铺首往往形象硕大，怒目圆睁，利齿外露，足以起到保护死者的作用。

## 十四、九尾狐

九尾狐是西王母的侍属，它与三足乌、玉兔和月精蟾蜍，构成西王母仙界的神兽组合。先秦两汉时期，九尾狐被视为瑞兽，德至则现，民间认为，其出现预示子孙繁盛。

《山海经·海外东经》载："青丘国在其北，其狐四足九尾。一曰在朝阳北。"又载《山海经·南山经》："又东三百里，曰青丘之山，其阳多玉，其阴多青䨼。有兽焉，其状如狐而九尾，其音如婴儿，能食人，食者不蛊。"[62]

汉《艺文类聚·卷九·祥瑞部下》，引《吕氏春秋》佚文："禹年三十未娶，行涂山，恐时暮失嗣。辞曰，吾之娶，必有应也。乃有白狐九尾而造于禹。禹曰，白者，吾之服也。其九尾者，王之证也。于是涂山人歌曰，绥绥白狐，九尾庞庞，成于家室，我都攸昌，于是娶涂山女。"[63]

东汉班固《白虎通德论·封禅》："天下太平符瑞所以来至者，以为王者承统理，调和阴阳……德至鸟兽则凤皇翔，鸾鸟舞，麒麟臻，白虎到，狐九尾，白雉降，白鹿见，白鸟下……狐九尾何？狐死首丘，不忘本也，明安不忘危也。必九尾者也，九妃得其所，子孙繁息也。于尾者何？明后当盛也。"[64]

东汉许慎《说文解字》："狐，祅兽也，鬼所乘之。有三德，其色中和，小前大后，死则丘首。"[65]《孝经》说："德至鸟兽，则狐九尾。"[66]

在汉代谶纬迷信和升仙思想影响下，九尾狐成了太平盛世的瑞兽，汉画像石上的九尾狐，与三足乌、玉兔、蟾蜍并列在西王母身边。九尾狐，其表现形式多样，或蹲踞，或奔跑，或隐现于祥云之间。汉代工匠着重展现九尾的变化，丰富多彩，构成灵动、喜人的艺术形象。

## 十五、九头人面兽

九头人面兽，又名开明兽。《山海经·海内西经》载："昆仑南渊深三百仞，开明兽身大类虎而九首，皆人面，东向立昆仑上。"袁珂认为，此神兽即陆吾，其"虎身九尾"与另一记载"类虎而九首"，又同守昆仑仙境，乃神话之演变。如《山海经·西次三经》有云："昆仑之丘，实惟帝之下都，神陆吾司之，其神状虎身而九尾，人面而虎爪。是神也，司天之九部及帝之囿时。"在《山海经》还有记载开明兽有九首而鸟身的形象。如《山海经·大荒北经》："大荒之中，有山名曰北极天柜。海水北注焉。有神九首，人面鸟身，名曰九凤。"[67]《山海经图赞》："开明天兽，禀兹食精，虎身人面，表此桀形，瞪视昆山，威慑百灵。"[68]

这些记载，只是反映了开明兽的形象来源于上古图腾，其宗教崇拜及民间传说，历经漫长演变，变得扑朔迷离，以致在古籍记载、图像表现上难以一致。

汉画中的开明兽，多表现为兽身、九首人面的形式。蹲踞、奔跑互见，有的肩生双翼。九首的表现多样，有的在兽身人首之上，长有八人首；有的兽身长有九颈，上有九人首。值得关注的是，开明兽与太一神、伏羲女娲等同处一个画面，是将开明兽列为最高仙界的神兽之一。

## 十六、河伯

河伯，又称"冰夷""冯夷""河精"。《山海经·海内北经》或称"人面鱼身"。乃古代黄河之神，自殷商而降，至于周末，为人所奉祀，位望隆崇。[69]

有关河伯的传说多见于文献。其一为冯夷说，见《楚辞·九歌·河伯》详记河伯与天帝出行，遨游天庭之情景。[70] 洪兴祖补注引晋葛洪《抱朴子·释鬼》云："冯夷以八月上庚日渡河，溺死，天帝署为河伯。"[71] 可知河伯古乃天神。其二为河精说，《尸子》卷下："禹理洪水，观于河，见白面长人鱼身出，曰'吾河精也'。授禹河图，而还于渊中。"[72] 又见晋张华《博物志·异闻》云："昔夏禹观河，见长人鱼身出，曰'吾河精'，盖河伯也。"将河伯与河精视为一体，并认为是夏禹时神祇，可谓久远。其三河神说：古代殷人祀河，卜辞有"泮璧""河妾"之语，当指祭祀河神之仪（以璧幸者沉河）。故《庄子·人世间》有"不可以适河"，即沉人与河之祭也。[73]《史记·六国年表·秦灵公八年》有"初以君主妻河"之说[74]，即谓以公主嫁河伯之意。《史记·滑稽列传》和《水经注·浊漳水》[75] 记载的西门豹治邺的故事，均是为河伯娶亲，其历史传说可谓久远。

汉画中的河伯出行的图像，两汉时期均有，主要发现于鲁南苏北地区。其中邹城发现的西汉河伯图像，较为少见。该图布局严谨，阴线刻。中有三鱼拉一云车，上有御夫、仙人（可能是天帝），其下有一龙托举。右侧有一虎，上有仙人（可能是西王母）乘坐，双手各举一球形幡。左上侧有人首鱼身，似欲飞腾。其人首鱼身图像，与《山海经》《尸子》记述的"人面鱼身""白面长人鱼身"，颇为一致，是探讨汉代河伯图像的重要资料。

**注释：**

[1][2][15][晋]郭璞注：《山海经》，见袁珂校注：《山海经校注》，上海：上海古籍出版社，1980年版。

[3][汉]班固著：《汉书·五行志》卷七，北京：中华书局，1962年版。

[4]张震泽校注：《张衡诗文集校注》，上海：上海古籍出版社，1986年版。

[5]金国永校注：《司马相如集校注》，上海：上海古籍出版社，1993年版。

[6][12][13]周次吉著：《神异经研究》，北京：文津出版社，1987年版。

[7]方诗铭、王修龄校注：《古本竹书纪年辑证》，上海：上海古籍出版社，2005年版。

[8][汉]班固著：《汉书·地理志》，北京：中华书局，2007年版。

[9][汉]班固著：《汉书·郡国志》，北京：中华书局，2007年版。

[10][晋]郭璞注，王贻樑、陈建敏校释：《穆天子传汇校集释》，北京：中华书局，2019年版。

[11][晋]巫鸿，柳扬、岑河译：《武梁祠——中国古代画像艺术的思想性》，北京：生活·读书·新知三联书店，2006年版。

［14］［29］王泗原校释：《楚辞校释》，北京：中华书局，2014年版。

［16］黄晖撰：《论衡校释》，北京：中华书局，2017年版。

［17］［清］郭庆藩撰，王孝鱼点校：《庄子集释》，北京：中华书局，2013年版。

［18］［28］高亨著：《周易古经今注》，北京：中华书局，1984年版。

［19］［汉］王延寿著：《鲁灵光殿赋》，见《文选》卷十一，北京：中华书局，1977年版。

［20］［26］［西晋］皇甫谧著：《帝王世纪》，见徐宗元辑：《帝王世纪辑存》卷一，北京：中华书局，1964年版。

［21］［晋］郭璞注：《山海经》，见袁珂校注：《山海经校注》，上海：上海古籍出版社，1980年版。

［22］［汉］应劭撰，王利器校注：《风俗通义》，北京：中华书局，1981年版。

［23］黄晖撰：《论衡校释》，北京：中华书局，1990年版。

［24］信立祥著：《汉代画像石综合研究》，北京：文物出版社，2000年版。

［25］［清］黄奭辑：《河图括地象》，江都朱氏补刊本。

［27］［汉］司马迁著：《史记》，北京：中华书局，1962版。

［30］［汉］班固著：《汉书·礼乐志》，北京：中华书局，2007年版。

［31］［宋］张君房著，李永晟点校：《云笈七签》卷二十三，北京：中华书局，2003年版。

［32］［清］孙诒让撰：《周礼正义》，北京：中华书局，2013年版。

［33］［汉］蔡邕撰：《独断》，见程荣撰：《汉魏丛书》，新安程氏刊本。

［34］［汉］应劭撰，王利器校注：《风俗通义》，北京：中华书局，1981年版。

［35］信立祥著：《汉代画像石综合研究》，北京：文物出版社，2000年版。

［36］［汉］刘安等撰：《淮南子》卷一《原道训》：见《四部丛刊初编》，1937年版。

［37］王泗原著：《楚辞校释》，北京：中华书局，2014年版。

［38］［东晋］干宝撰，汪绍楹校注：《搜神记》卷一，北京：中华书局，1979年版。

［39］［汉］蔡邕撰：《独断》，见程荣撰：《汉魏丛书》，新安程氏刊本。

［40］［41］高亨著：《周易古经今注》，北京：中华书局，1984年版。

［42］［汉］许慎撰：《说文解字》，北京：中华书局，2013年版。

［43］［宋］张君房辑：《云笈七签》，济南：齐鲁书社，1988年版。

［44］［清］王先谦撰：《荀子集解》，北京：中华书局，1988年版。

［45］［汉］刘向撰：《列女传》，北京：文物出版社，2019年版。

［46］王泗原著：《楚辞校释》，北京：中华书局，2014年版。

［47］［西晋］皇甫谧著：《帝王世纪》，见徐宗元辑：《帝王世纪辑存》卷一，北京：中华书局，1964年版。

［48］［明］冯梦龙著：《东周列国志》第三十五回。北京：人民文学出版社，1979年版。

［49］［汉］司马迁著：《史记》，北京：中华书局，1962年版。

［50］高亨著：《周易古经今注》，北京：中华书局，1984年版。

［51］［晋］郭璞注：《山海经》，见袁珂校注：《山海经校注》，上海：上海古籍出版社，1980年版。

［52］张震泽校注：《张衡诗文集校注》，上海：上海古籍出版社，1986年版。

［53］姜生著：《汉帝国的遗产——汉鬼考》，北京：科学出版社，2016年版。

［54］［晋］郭璞注：《山海经》，见袁珂校注：《山海经校注》，上海：上海古籍出版社，1980年版。

［55］黄晖著：《论衡校释（说日篇）》，北京：中华书局，1990年版。

［56］张震泽校注：《张衡诗文集校注》，上海：上海古籍出版社，1986年版。

［57］［清］董诰、阮元等：《全唐文》卷一百八十九，嘉庆刊本，北京：中华书局，1983年版。

［58］［汉］班固著：《汉书·哀帝纪》，北京：中华书局，2007年版。

［59］［南朝宋］范晔著：《后汉书·礼仪志》，北京：中华书局，2007年版。

［60］［汉］司马相如著：《长门赋》，见萧统著：《文选》，北京：中华书局，2010年版。

［61］［清］孙诒让著：《周礼正义》，北京：中华书局，2013年版。

［62］［晋］郭璞注：《山海经》，见袁珂校注：《山海经校注》，上海：上海古籍出版社，1980年版。

［63］许维遹撰：《吕氏春秋集释》，北京：中华书局，2016年版。

［64］［清］陈立撰：《白虎通疏证》，北京：中华书局，1994年版。

［65］［汉］许慎撰：《说文解字》，北京：中华书局，2013年版。

［66］［宋］邢昺疏：《孝经注疏》，上海：上海古籍出版社，2009年版。

［67］［晋］郭璞注：《山海经》，见袁珂校注：《山海经校注》，上海：上海古籍出版社，1980年版。

［68］［清］郝懿行撰：《山海经笺疏》卷二《图赞》，北京：中国致公出版社，2016年版。

［69］袁珂编著：《中国古代神话传说词典》，上海：上海辞书出版社，1985年版。

［70］［晋］郭璞注：《山海经》，见袁珂校注：《山海经校注》，上海：上海古籍出版社，1980年版。

［71］［晋］葛洪著，王明校释：《抱朴子》，北京：中华书局，1980年版。

［72］朱海雷撰：《尸子译注》，上海：上海古籍出版社，2006年版。

［73］［清］郭庆藩撰：《庄子集释》，北京：中华书局，2013年版。

［74］［汉］司马迁著：《史记》，北京：中华书局，1962年版。

［75］［北魏］郦道元著，陈桥驿校证：《水经注》，北京：中华书局，2013年版。